**COLLECTION
FOLIO ACTUEL**

Jean-Luc Gréau

La Grande Récession (depuis 2005)

Une chronique pour comprendre

Gallimard

© Éditions Gallimard, 2012.

Jean-Luc Gréau, diplômé d'études supérieures en économie, a poursuivi trente-quatre années durant une carrière de cadre dans les organisations interprofessionnelles représentatives : entré au CNPF en 1969, il quitte le MEDEF en 2003. Il se consacre depuis lors à une activité d'essayiste et de chroniqueur économique.

Les changements économiques, monétaires et financiers survenus depuis quelque trente ans l'ont conduit à une réflexion qui s'est concrétisée par de nombreuses collaborations à la revue *Le Débat* à partir de 1988 et par la parution de trois ouvrages dans la collection rattachée à cette revue. Le présent essai, consacré à la récession la plus récente subie par les économies occidentales, constitue la dernière étape de cette réflexion.

Avant-propos

PETITE HISTOIRE D'UN FEUILLETON ÉCONOMIQUE

Le processus appelé, faute de mieux, crise, qui a germé à partir de 2005 en Occident pour se déployer avec force à compter de 2008, a détruit encore plus la confiance du public dans la possibilité d'une prévision économique susceptible de résister à l'épreuve ultérieure des faits. Les analyses erronées, les conjectures fautives n'ont cessé de s'accumuler avant, pendant, et après la Grande Récession en Europe et aux États-Unis. L'impossible crise financière américaine a fini par éclater, l'inimaginable crise des dettes souveraines en zone euro ébranle le Vieux Continent, les pays émergents, que l'on jugeait si fragiles et si démunis, ont commencé à défier les vieilles puissances industrielles. Pourquoi tant d'errements ?

L'ouvrage qui suit procède d'abord d'une tentative, effectuée en temps réel, de diagnostiquer et d'interpréter les étapes de ce processus qui n'en finit pas de miner les économies anciennement développées. Cette tentative a donné lieu à différents textes rédigés entre juillet 2008 et novembre 2011, et publiés peu après, avec l'objectif assumé de saisir le mouvement général des choses, à tout le moins dans l'aire occidentale, siège des séismes économiques et financiers. Elle a consisté à sélectionner les facteurs jugés décisifs pour l'évolution en cours, dans le sens favorable comme dans le sens défavorable, à chaque tournant de notre histoire économique récente. Elle a permis ainsi de mettre en relief la gravité « systémique » de la crise financière de 2007 et 2008, centrée sur le marché de la dette privée américaine, de dénoncer le leurre d'un rétablissement définitif de l'Occident après le rebond de 2009, de définir la nature de la crise européenne qui a crû et embelli à partir de l'hiver 2010, d'indiquer comment la France était, à la veille des scrutins politiques de 2012, acculée à une politique de survie, sous la menace d'une double faillite des banques et des États en Europe. Enfin, elle a pointé les décalages incessants entre le discours de l'économie institutionnalisée représentée par les organismes officiels nationaux ou supranationaux, tels que le FMI, l'OCDE et la Commission européenne, et la réalité économique vécue par les peuples et par les entreprises.

Ce faisant, nous espérons aussi montrer que l'économie reste une discipline intellectuellement respectable. La stupidité consciencieuse de ses mauvais servants ne doit pas aboutir à son éviction du champ de la compréhension humaine. La réflexion économique a donné lieu à la formation de concepts liés entre eux. La « boîte à outils » reste à notre disposition, pour peu que nous nous appliquions à l'utiliser avec précaution, méthode et esprit de continuité : ainsi les crises à répétition de la dette se situent au cœur de l'énoncé économique et financier ; or les analystes économiques ne se sont guère appuyés sur cette approche qui peut être éclairante si l'on en envisage toutes les composantes. Ils auraient pu aussi tenter de définir les conditions dans lesquelles la concurrence internationale se réalise sur des bases équitables, profitables aux parties prenantes. Ils auraient pu enfin, chose délicate, observer d'un œil critique les différentes phases de l'expérience néo-libérale, en s'efforçant de séparer le bon grain, représenté par l'essor de nouvelles productions et le transfert de techniques vers les pays attardés, de l'ivraie, constituée par ces activités financières sans support économique et par la faculté de contourner les règles nationales qu'offrent les paradis fiscaux. Ils avaient enfin l'obligation de porter un jugement sur l'*instabilité croissante du système économique et financier mondialisé* tout au long des vingt dernières années. C'est pour avoir manqué à ces différents devoirs que leur discipline fait aujourd'hui l'objet de suspicion, voire de mépris. Mais leurs manquements n'empêchent pas l'économie de demeurer, modestement mais sûrement, une indispensable discipline logique, en dépit du fait qu'elle ne saurait prétendre au statut de science.

Le propos de notre ouvrage ne consiste pas seulement à diagnostiquer l'état présent et à pronostiquer l'état futur des patients nommés France, Europe, Occident. Sa perspective s'est élargie, chaque fois que nécessaire, à celle des réformes appelées par la crise, bien au-delà de simples amendements techniques, pour tenter de définir les éléments d'une nouvelle organisation, dont la pièce majeure est constituée par un nouveau système bancaire, qui est toujours dans les limbes. Elle s'est élargie aussi, contrainte et forcée, à l'échec européen qui ne se limite pas à la défaillance des pays les plus fragiles ou les plus irresponsables, au péril mortel couru par la monnaie unique, mais s'étend aussi à un système institutionnel qui a adopté le credo d'une concurrence illimitée, que nulle puissance autre dans le monde ne fait sien à ce jour.

C'est tout naturellement qu'est apparu, comme une conséquence inévitable de tout ce que nous avons vécu des deux côtés de l'Atlantique, depuis cinq ans, le besoin de déterminer les raisons qui nous ont acculés dans une impasse historique, en évitant les stéréotypes de la dénonciation de la finance et de la mise en cause de la prédation capitaliste. Les dernières manifestations du processus de crise signent l'échec de l'expérience néolibérale. Mais il nous faut voir cet échec non pas comme le mauvais fruit d'une déréglementation aveugle, mais bien plutôt comme celui d'une *organisation*. Déréglementation il y a eu, certes, mais qui n'a pas laissé place à un chaos, comme se plaisent à le dire tant de commentateurs. Un système complexe, ancré sur différentes institutions, dont les banques centrales indépendantes et les agences de notation fournissent les éléments les plus visibles, a pris la place de l'ancienne organisation qui soumettait les économies à une réglementation poussée, y compris dans les pays de grande tradition libérale. Le retrait stratégique de l'État a permis l'installation discrète d'un pouvoir dissimulé dans les infrastructures financières occidentales, d'autant plus difficile à atteindre et à maîtriser qu'il se présente comme une sorte de fait de la nature, sous la forme d'une *prise en charge des marchés par les institutions de marché*. L'expérience néo-libérale nous appelle ainsi à un exercice intellectuel dont l'enjeu déborde celui de sa compréhension. Il nous semble en effet impossible d'avancer vers une organisation nouvelle sans prendre conscience de l'existence jusqu'ici pérenne de cette organisation néo-libérale qui nous gouverne aussi discrètement que puissamment. Un dernier chapitre lui est consacré.

À la fin 2012, quels sont les obstacles auxquels se heurtent l'Europe et les États-Unis, mais aussi, désormais, le monde ? Connaîtrons-nous le déclin attendu de l'investissement en Chine ? Y a-t-il la moindre possibilité d'obtenir le désendettement public et privé des économies américaine et européenne ? Que risque-t-il de se passer avec le démembrement de l'euro ? Trois questions pour introduire l'hypothèse plausible d'une nouvelle dépression dans le sillage de la Grande Récession.

Septembre 2012

AVERTISSEMENT

La nature particulière de ce livre, qui prend la forme principale d'une recension d'articles, expose son lecteur à subir des redites, comme les développements successifs consacrés à la titrisation ou les constats réitérés de la désertion des dirigeants politiques, terrorisés à l'idée qu'ils pourraient avoir rendez-vous avec l'Histoire. Elle expose en sens inverse son auteur à reconnaître des erreurs d'appréciation, telle que celle qui l'a conduit à proposer une réforme globale du système bancaire dans cette zone euro que la crise des dettes publiques allait bientôt ébranler, ou des contradictions comme celles offertes par les tentatives de trouver une réponse à la défaillance des agences de notation. Son mérite nous semble cependant d'offrir un terrain pour une réflexion qui embrasse le processus de crise dans sa continuité et dans sa globalité.

Chapitre premier

L'IRRESPONSABILITÉ DES MARCHÉS

Si l'on s'en tenait aux faits et aux dires de la classe politique française, nul ne pourrait soupçonner que la finance internationale subit une crise majeure depuis l'été 2007. L'exécutif, sa majorité parlementaire et son opposition l'ignorent avec une constance d'autant plus remarquable que leurs représentants déploient leurs commentaires et leurs arguments sur d'innombrables sujets d'importance très inégale. Le mutisme affiché par des centaines d'hommes et de femmes en charge de notre destin collectif, à tout le moins dans le champ de leurs compétences et de leurs pouvoirs constitutionnels, alors que des banques ont fait faillite pour la première fois depuis des lustres, que les démissions de dirigeants financiers s'accumulent, que l'évaluation des pertes comptables n'en finit pas de s'accroître, que les premiers effets sur la marche des économies américaine et européennes sont apparus, a de quoi déconcerter le plus blasé des observateurs de notre politique nationale. D'où cette question préalable : les économistes, les financiers, les journalistes, qui croient devoir analyser la crise et en tirer des leçons, ne serait-ce qu'à titre provisoire, ne seraient-ils pas victimes d'un phénomène hallucinatoire, de même que les citoyens qu'inquiètent encore les évolutions toujours plus surprenantes de la finance mondiale ?

Je n'apprendrai pas à mon lecteur que le retrait du débat des politiques est volontaire. Il m'appartient cependant, comme à tous ceux qui se heurtent à la difficulté de compréhension que pose l'épisode de crise actuel, d'incriminer une attitude qui dénote une dégénérescence accentuée de la responsabilité politique, dans ses deux attributs essentiels : l'éclairage pédagogique des populations, qui supposerait une réflexion préalable au sein de la classe concernée, et l'action publique, devenue incongrue depuis sa mise en jachère au profit de la gouvernance économique par les marchés financiers et des banques centrales affranchies de la tutelle étatique. On a peine à imaginer un président du Conseil de la IVᵉ République ou le président de Gaulle faisant l'impasse sur une crise financière touchant les deux continents les plus anciennement développés, comme le font avec aisance les protagonistes de la Vᵉ aujourd'hui.

En réalité, nos représentants, si l'on ose dire, ont la conviction que la crise reste circonscrite à des marchés obscurs – le *subprime rate* – et que les banquiers centraux surpuissants usent ou useront, autant qu'il le faudra, des armes qui permettront de la surmonter. Leur désinvolture frappe d'autant plus qu'au même moment, par un effet peut-être provisoire mais heureux, certaines personnalités du monde économique et financier admettent que la crise récente trahit un défaut d'organisation et de régulation du système, et avouent leur crainte d'un approfondissement de cette crise ouvrant la voie à des épisodes plus dramatiques. Certains évoquent le retour de la Grande Dépression, d'autres pronostiquent l'entrée dans une nouvelle phase durable de stagnation et d'inflation.

Je me sens incapable, pour ma part, de décrire le nouveau paysage économique et financier qui pourrait surgir si, comme la probabilité en augmente chaque jour, la crise en développement devait atteindre de nouveaux seuils critiques. Le passé récent présente de véritables énigmes que nous ne pouvons pas laisser sans tenter de les déchiffrer. J'essaierai d'apporter une contribution dans ce sens en plusieurs étapes. La première d'entre elles consistera à marquer le caractère très graduel du processus de crise, ouvert dans les faits dès la fin de l'été 2005 par le plafonnement de la construction résidentielle aux États-Unis. La deuxième conduira à examiner la crise financière actuelle comme un phénomène combinant les traits de deux types classiques de crise financière, celle résultant d'une insolvabilité des emprunteurs et celle découlant d'un effondrement du prix des actifs évalués sur des marchés publics : plusieurs exemples de faillites majeures permettront d'illustrer ce point de vue. La troisième tentera de dévoiler les changements essentiels qui ont abouti, d'une part, à la transformation des banques commerciales et des banques d'affaires en fonds spéculatifs et, d'autre part, à la multiplication d'investisseurs qui ne font rien d'autre qu'emprunter sur certains marchés pour prêter sur d'autres présumés plus lucratifs, mais relativement sûrs. La quatrième tentera d'expliquer comment les banques centrales, tout spécialement la banque centrale américaine, ont contribué à la crise à partir d'une conception erronée de leur rôle directeur dans l'économie. Enfin, dans une cinquième étape, seront présentés quelques éléments du nécessaire recadrage des politiques économiques à la lumière du dernier drame.

LA CRISE À PETITS PAS

Quand est apparu, au mois d'octobre 2005, le chiffre des mises en chantier du mois précédent aux États-Unis, qui aurait osé affirmer qu'il inaugurait une évolution lourde de l'économie locale et du système financier international ? L'indice publié révélait une première baisse après qu'un pic historique eut été atteint durant l'été, représentant près de deux millions trois cent mille logements en rythme annualisé. Mais tous les autres indicateurs de l'activité aux États-Unis restaient favorables : production globale, création d'emplois, investissement productif, exportations. De son côté, un deuxième secteur immobilier, celui représenté par la construction de commerces, de bureaux ou d'hôtels, connaissait un essor considérable. Même s'il était appelé à se confirmer, le ralentissement suggéré par cette première statistique négative semblait anodin. Au même moment, de surcroît, l'ensemble économique mondial affichait un record de croissance, stimulé par l'Asie émergente, l'Amérique latine, l'Europe centrale, les pays producteurs de matières premières de plus en plus demandées et de plus en plus chères, et, à un moindre degré, les pays producteurs de biens d'équipement. Seuls les représentants de la vieille Europe, la France, l'Italie, l'Allemagne, faisaient ombre au tableau par la médiocrité de leurs performances globales.

Les spécialistes de la conjoncture n'ont pas manqué de voir dans le repli des marchés immobiliers américains un élément nouveau et d'apporter des correctifs à leurs prévisions antérieures, au fur et à mesure de l'apparition d'indices confirmant la détérioration de ce grand secteur d'activité : déclin progressif des mises en chantier, puis des permis de construire, gonflement anormal des stocks de logements neufs ou anciens disponibles pour la vente. Cependant, leurs calculs les conduisaient à prévoir un impact modeste sur la croissance américaine, de 0,5 % à 1 % au plus, et un impact insignifiant sur la croissance du reste du monde où apparaissaient, au demeurant, les premiers signes d'une surchauffe économique dans certains pays émergents.

En revanche, les marchés boursiers se sont montrés fébriles, tout spécialement en Asie, où la conjoncture américaine est considérée comme un paramètre décisif pour la croissance durable des économies locales. De mini-krachs boursiers ont pu être observés en quelques jours, fin février, puis fin juin 2006, après la publication de nouveaux indicateurs inquiétants des marchés de l'immobilier résidentiel américain. Fait étrange, les opérateurs boursiers, d'ordinaire aveuglés par l'optimisme qui leur colle à la peau, semblaient plus circonspects que les conjoncturistes publics et privés. Cependant, la bonne santé apparente de l'économie américaine prise dans son ensemble finit par balayer leurs doutes. Comme les conjoncturistes, les opérateurs boursiers se rallièrent à l'hypothèse que le marché américain du logement connaissait un réajustement, classique et, somme toute, rassurant.

Voici cependant que treize mois après le repli du marché résidentiel, en octobre 2006, un phénomène adjacent, mais de nature différente, est venu assombrir le paysage presque riant de l'économie des États-Unis. Les défaillances des ménages américains, souscripteurs d'emprunts assortis d'hypothèques pour acheter ou faire construire leurs logements, se multipliaient. Ces défaillances se traduisaient par des banqueroutes, mais aussi des retards de paiement. De ce fait, leurs organismes de prêt ne rentraient pas dans leurs fonds à l'échéance prévue alors qu'ils devaient assurer simultanément le service de leur propre dette. Le premier germe de la crise financière venait d'être introduit.

Ladite crise n'a cessé de couver discrètement entre l'automne 2006 et l'été 2007. Mais alors que les organes officiels égrenaient des indicateurs de plus en plus négatifs de l'activité du secteur résidentiel, le sentiment que le système américain allait au-devant d'une crise globale ne parvenait pas à se cristalliser. Deux éléments apparemment favorables subsistaient : les prix des logements neufs ou anciens mis à la vente ne baissaient pas encore, les conditions de financement hypothécaire restaient favorables, du moins pour les ménages convenablement notés, que l'on classe schématiquement dans la catégorie *prime rate*. Le fait que les stocks de logements invendus représentaient le triple des montants jugés normaux, qui aurait dû donner l'alarme, n'était ainsi pas pris en compte.

La toute première émergence de la crise financière date de la mi-juin 2007, lorsque la banque d'affaires américaine Bear Stearns, qui est aujourd'hui en liquidation virtuelle, décidait de « fermer » deux fonds de placement mis sous sa tutelle, interdisant par là aux épargnants détenteurs des capitaux de ces fonds de retirer leurs avoirs. Les fonds étaient effectivement engagés sur le marché du *subprime rate*, dont Bear Stearns s'était fait une spécialité. Leur fermeture, qui devait être suivie d'une liquidation discrète deux mois plus tard, signifiait que la qualité des créances reliées *directement ou indirectement* au marché hypothécaire subissait une forte dégradation. Néanmoins, la question se posait d'emblée pour le profane de savoir pourquoi certains organismes spécialisés pouvaient passer de vie à trépas en quelques semaines, malgré la réputation de la banque de tutelle et la qualité présumée des gérants qu'elle avait désignés. Cette question n'a cessé de se poser depuis, jusqu'à la disparition de Bear Stearns en personne en mars 2008, avec la fermeture temporaire de certains fonds de BNP Paribas, la faillite du plus grand prêteur privé du marché hypothécaire américain, la société Countrywide Financial, la nationalisation dans l'urgence de Northern Rock au Royaume-Uni, les lourdes pertes de différentes banques américaines et européennes de grand renom. Disons-le sans retard, la réponse qu'elle appelle donnera une explication cruciale du processus de la crise financière en dévoilant la vraie nature du système que cette crise ébranle.

Les interventions incessantes des banques centrales depuis le coup de tonnerre du 9 août 2007, date à laquelle la Banque centrale européenne injecta en urgence près de cinquante milliards d'euros sur le marché interbancaire pour en empêcher le blocage, ont permis à un large public de comprendre la gravité de la crise financière qui sévit en Amérique du Nord et en Europe occidentale. Pour parler simplement, les banques centrales agissent aujourd'hui comme les États en temps de guerre. De même que ceux-ci créent de la monnaie pour subvenir aux besoins exceptionnels suscités par les combats, les banques centrales offrent, par le biais d'adjudications spéciales, des centaines de milliards de dollars, d'euros, de livres sterling, de dollars canadiens, de francs suisses pour éviter l'asphyxie des marchés du crédit placés sous leur surveillance. Ces adjudications ont pris le pas, par leur importance, sur les adjudications hebdomadaires qui font la routine de la politique monétaire.

Un point illustre, avec bien d'autres, l'originalité de l'épisode en cours. La banque fédérale américaine a procuré aux banques centrales européenne et suisse des dizaines de milliards de dollars, dans le cadre de *swaps* qui consistent à échanger des prêts en monnaies différentes. Les banques centrales de Francfort et de Zurich avaient besoin de dollars pour répondre aux demandes de leurs banques commerciales, ce qui signifie *a contrario* que ces dernières avaient à honorer des échéances libellées en dollars. Voilà un fait révélateur. De telles opérations sont pratiquées d'ordinaire quand la monnaie d'un pays est en grave difficulté sur le marché des changes. C'est ainsi que la Bundesbank avait procuré soixante-dix milliards de marks à la banque d'Angleterre en 1992, pour tenter d'enrayer la spéculation à la baisse que subissait la livre sterling. Mais, depuis le printemps 2007, c'est au contraire le dollar qui fait les frais d'une défiance croissante des opérateurs du marché des changes. Ce serait à la BCE de fournir des euros à la banque centrale américaine si celle-ci, préoccupée de la faiblesse de la monnaie des États-Unis, cherchait à en renforcer le cours. Or, les *swaps*, en apparence à contresens de ces derniers mois, dévoilent une nouvelle facette de la crise financière. C'est du fait que l'Europe a prêté aux États-Unis, en achetant des titres de la dette hypothécaire américaine, voire d'autres catégories de dettes devenues douteuses, que certaines de ses banques se heurtent à des difficultés. Ainsi, à cause de la défaillance des emprunteurs américains, il revient en fin de compte à la banque centrale du pays emprunteur, où est la source de la crise du crédit, d'offrir aux banques centrales des pays prêteurs sa propre monnaie pour voler au secours de leurs banques incapables de rentrer dans leurs fonds en temps et en heure.

COUNTRYWIDE FINANCIAL, NORTHERN ROCK, IKB, BEAR STEARNS

Avant sa double faillite de 2007, la société Countrywide Financial représentait une entreprise emblématique de la prospérité américaine de ces vingt-cinq dernières années, au même titre, quoique dans un tout autre registre, que Dell ou Microsoft. Précisément fondée en 1982, elle avait procuré, durant son existence, près de 1 500 milliards de dollars aux emprunteurs du marché hypothécaire américain, soit le huitième, environ, de la masse des crédits concernés, en couvrant tous les segments du marché. Sa formidable extension avait permis de multiplier par 2 300 la valeur des toutes premières actions émises par ses créateurs. Sans elle et ses semblables, la croissance américaine n'aurait pas atteint les chiffres impressionnants dont les dirigeants des États-Unis se sont enorgueillis.

C'était, c'est encore, bien que son avenir soit en suspens, une société de crédit dont l'activité consistait à emprunter, sur le marché du crédit approvisionné par les banques et d'autres organismes financiers, pour satisfaire la demande des ménages désireux d'acquérir ou de faire construire des logements. Ses capitaux propres n'entraient pas en ligne de compte dans son activité de prêt. Voici un premier aspect décisif du système financier que nous retrouverons par ailleurs. La forte rentabilité visée par les actionnaires conduit les responsables des organismes financiers à travailler principalement sur fonds d'emprunt. Les actions formant le capital proprement dit se valorisent d'autant plus que le chiffre d'affaires et les profits de la société, appuyés sur la croissance des emprunts en amont et des prêts en aval, peuvent augmenter continuellement sans qu'un concours supplémentaire soit exigé des actionnaires. Chaque action donne droit ainsi à une distribution de bénéfices indéfiniment croissante et profite d'une valorisation constante. Nous retrouvons ici le sacro-saint principe de la création de valeur pour l'actionnaire dans une application représentative et éclairante.

La viabilité du processus exige que la société puisse à tout moment remplir ses engagements d'emprunteur grâce aux paiements *synchrones* de ses propres emprunteurs. La multiplication des défauts de paiement, même sous forme de retards d'un ou deux mois, suffit à la menacer, voire à la détruire. À partir du début de l'été 2007, Countrywide Financial n'a plus été en mesure de remplir son devoir de débiteur. Les défauts de paiement de ses emprunteurs asséchaient sa trésorerie et, n'ayant pas accès au financement de la banque centrale, en raison de son statut particulier de société de crédit, elle restait dépendante de la bonne volonté de ses prêteurs. La défection de ces derniers a été à l'origine directe de sa première faillite, effective le 15 août, qui illustre un type classique de crise financière, survenant quand la faillite des emprunteurs (les ménages américains) entraîne avec elle la faillite des prêteurs (les banques ou organismes de crédit spécialisés). Les responsables de la société, un moment secourus par les banques internationales, après une intervention pressante de la banque fédérale (comme dans le cas du fonds LTCM en 1998), durent déclarer à nouveau sa faillite en décembre, à la suite d'une nouvelle aggravation des défauts de paiements de sa clientèle. Elle est, depuis lors, une filiale de la puissante Bank of America qui n'a pas encore statué sur son sort définitif.

Northern Rock était aussi à sa manière un acteur emblématique de la réussite apparente du modèle de croissance anglais apparu il y a vingt-cinq ans. Cette banque régionale, basée à Newcastle, a joué un rôle majeur dans la réanimation économique du nord de l'Angleterre, que le déclin des industries traditionnelles avait sinistré. Déployant une activité tous azimuts pour financer des projets de diverses sortes lancés par les petites et moyennes entreprises, pour aider les collectivités locales à financer certains équipements et, bien entendu, pour octroyer des prêts immobiliers ou à la consommation, sans vérifications préalables, à sa clientèle de particuliers, elle a réellement porté à bout de bras la prospérité régionale. C'est grâce à la City mais aussi grâce à des Northern Rock que l'Angleterre a pu afficher durablement une croissance supérieure à la moyenne de l'Europe continentale.

Comme Countrywide Financial, Northern Rock

avait la faveur des boursiers. Quelques semaines avant son naufrage, elle pouvait encore revendiquer la meilleure valorisation des actions pour l'ensemble des banques anglaises entre 2000 et 2007. Mais comme la société de crédit américaine, la banque de Newcastle avait présumé de ses forces. Bien que les conditions de sa faillite restent obscures, du fait de l'écran de fumée tiré par la banque centrale et le gouvernement, les informations disponibles indiquent qu'elle a été victime à la fois de défauts de paiement de ses emprunteurs locaux et de pertes occasionnées par ses placements sur le marché hypothécaire américain. Le cas Northern Rock confirme et complète le premier élément d'explication fourni par Countrywide Financial. Début septembre 2007, la crise du marché hypothécaire américain était un fait acquis. Les titres de ce marché détenus par les banques et d'autres organismes financiers avaient déjà subi une décote massive. Dès lors, ils devaient être comptabilisés par les détenteurs pour des montants très inférieurs – de 30 % à 40 % – à leur valeur d'acquisition. Il était impossible à Northern Rock de retrouver de l'oxygène en les cédant sur le marché sans entériner les pertes massives liées à la décote des titres d'emprunts.

Northern Rock illustre un autre type de crise financière, celle qui résulte de la dévalorisation des actifs cotés sur un marché public d'actions ou d'obligations. Si cette banque s'était contentée de prêter à ses clients anglais en prenant des risques mesurables, elle n'aurait pas été emportée par une sorte d'éboulement financier. Au pis, les actifs représentés par ses prêts auraient subi une décote de quelques pour cent, gérable par le prêteur. Mais la décote sauvage des actifs détenus par la banque a eu pour effet, chez Northern Rock comme ailleurs, de faire basculer les comptes dans le rouge en quelques semaines. À partir de cette situation, il lui est devenu difficile de s'approvisionner sur le marché du crédit pour son financement usuel. Comme, cependant, le patron de la banque centrale d'Angleterre, qui aurait pu apporter l'aide d'urgence que son état nécessitait, se refusait encore à opérer le même genre de transfusions massives auxquelles les banques centrales américaine et européenne avaient dû se résoudre, les dirigeants de la banque de Newcastle furent acculés à une faillite d'un montant de cinquante milliards de livres sterling. Faillite qui a débouché sur une nationalisation de la banque d'autant plus mal reçue par l'opinion publique anglaise que le Royaume-Uni est l'un des grands pays apôtres des privatisations et de la régulation financière par les marchés.

Ce sont d'autres motifs de surprise et d'interrogations que suscite le cas de la banque régionale allemande IKB. Qu'est-ce que cette banque, très représentative de la finance germanique, est allée faire dans la galère du marché hypothécaire américain ? Elle disposait d'une clientèle traditionnelle de particuliers et d'entreprises petites et moyennes lui assurant une assise stable et un profit raisonnable. Or la tourmente financière a révélé qu'elle avait engagé d'importantes ressources d'épargne de ses clients allemands pour souscrire une fraction de la dette hypothécaire des États-Unis, sans connaissance appropriée de ce marché complexe et lointain. En réalité, ses dirigeants, conscients de leur ignorance en la matière, s'étaient tournés vers UBS, géant bancaire de la Suisse, spécialisé dans la gestion des fortunes à l'échelon planétaire, avec une responsabilité portant sur des avoirs totaux de l'ordre de 1 800 milliards de dollars. Ce sont donc les gérants de la banque suisse qui ont aventuré sur le marché du crédit aux ménages américains l'argent des clients allemands d'IKB. Mais c'est ce qu'ils faisaient aussi pour les clients d'UBS, de toutes origines, qui lui confiaient la gestion de leur patrimoine en raison de son expertise présumée. Leurs erreurs d'appréciation ont entraîné des pertes d'ampleur historique pour la prestigieuse banque suisse, qu'elle tente aujourd'hui de colmater, et des pertes irrémédiables pour IKB, secourue *in fine*, après sa faillite, par ses homologues allemands et l'État fédéral.

Malgré la physionomie commune qu'elle présente avec le naufrage de Northern Rock, la faillite d'IKB, d'un montant de trente milliards d'euros, doit être replacée dans le contexte allemand. À la différence du Royaume-Uni, dont les échanges extérieurs sont déficitaires, l'Allemagne dispose, du fait de son excédent considérable, d'un surplus d'épargne qui doit être investi au-delà du territoire national. Cela la rend, paradoxe économique généralement non pris en compte, dépendante de la qualité des placements que le reste du monde met à sa disposition : obligations des grands Trésors publics américains ou français par exemple, actions traitées sur les bourses européennes, américaines ou asiatiques, mais aussi obligations des pays émergents, comme l'Argentine avant 2001, date de la dernière grande faillite souveraine, et titres de la dette des ménages américains. Les épargnants allemands ont payé une partie notable du prix de la défaillance argentine, ils supportent aujourd'hui une fraction du prix de l'insolvabilité des ménages américains, ils pourraient souffrir, à brève échéance, des placements que leurs banquiers ont réalisés sur le marché immobilier espagnol, qui est entraîné à son tour dans une spirale dépressive. Au-delà des exigences de rendement qui sont à l'origine de tant d'imprudences financières, la faillite d'IKB nous procure indirectement un thème de réflexion on ne peut plus objectif: l'accumulation d'excédents extérieurs chez les uns, de déficits chez les autres, est-elle si dénuée de dangers qu'elle en a eu l'air ces vingt-cinq dernières années? On peut désormais en douter. L'attractivité financière de pays comme les États-Unis, qui a fait s'extasier tant de niais, consistait en fait en un recyclage forcé de l'épargne des nations excédentaires à la faveur duquel le virus du *mortgage* fou s'est propagé au-delà des frontières américaines.

Il a fallu la faillite de Bear Stearns, le 14 mars 2008, pour que le public fasse connaissance de la plus modeste et la plus effacée des banques d'affaires américaines. Mais c'est aussi et surtout à cette occasion que l'on a enfin appris en quoi consistait le métier de cette société. Sur le papier, une banque d'affaires est une entreprise qui collecte de l'épargne longue pour la prêter à des emprunteurs qui ont besoin d'investir dans la durée, ou pour la convertir, dans le même but, en augmentations de capital des grandes entreprises. Des exemples typiques d'intervention de la banque d'affaires classique sont le financement d'une extension de mine, du percement d'un tunnel, la prise de participations dans le capital des grandes entreprises industrielles. Dans ce schéma, les cadres de la banque apportent leur expertise d'une double manière, d'abord dans l'examen préalable scrupuleux de l'opération projetée, pour s'assurer de sa viabilité, puis dans son montage financier.

Mais, aujourd'hui, les banques d'affaires ont presque déserté ce terrain d'activités pour, d'une part, développer une intense activité de *trading* qui les apparente à des fonds spéculatifs et, d'autre part, monter des raids boursiers sur des entreprises pour le compte d'autres entreprises. Bear Stearns s'était fait une spécialité de courtier en placements à haut rendement et à hauts risques sur le marché hypothécaire américain. D'une part, elle recueillait de l'épargne liquide qu'elle promettait de rémunérer fortement et, d'autre part, elle empruntait des fonds sur les marchés du crédit pour obtenir un effet de levier. Elle agissait ainsi à l'identique des courtiers en bourse, quoique dans un domaine différent. Elle finit par se trouver étranglée quand les fonds de placement qui lui confiaient leurs ressources, alarmés par la dévalorisation constante des titres de la dette hypothécaire, commencèrent à retirer leurs mises, lui interdisant d'honorer ses échéances.

Une situation inouïe s'est ensuivie, avec la prise en charge en catastrophe de Bear Stearns par une autre banque d'affaires, J. P. Morgan, disposant de l'appui de la banque centrale américaine qui a procuré à cette dernière trente milliards de dollars en contrepartie de quarante milliards d'actifs invendables de la banque en faillite transférés dans les comptes de la Réserve fédérale. Nationalisation implicite qui fait écho à la nationalisation explicite de Northern Rock, mais effectuée au profit d'une autre banque d'affaires, pour des raisons qui n'ont pas été données publiquement. Toutefois, si le mystère qui entoure le sauvetage de Bear Stearns nécessiterait d'être percé, une autre interrogation, de nature plus objective, est suggérée par son naufrage. Les banques d'affaires n'étant plus à proprement parler des banques d'affaires, des organes d'investissement productif à longue échéance, on peut se demander à quoi servirait de rétablir formellement la séparation entre les banques commerciales et les banques d'affaires que certains préconisent. Si les activités des unes et des autres finissent par se rejoindre, au moins au sein du large domaine de la spéculation sur les actifs de toutes sortes traités sur les marchés financiers, si elles peuvent toutes jouer avec les matières premières, les titres de dettes, les actions, le projet de rétablir formellement la séparation historique entre les deux grandes catégories de banques est dénué de sens. À partir des illustrations les plus frappantes de la crise financière s'esquisse un énoncé du problème tout différent que l'on pourrait résumer ainsi : comment faire pour que les prêteurs fassent à nouveau le métier de prêteur, comment faire pour que les dettes ne soient plus des instruments de spéculation mais des actifs dont les détenteurs gardent la responsabilité ? Cela revient à poser la question de la « titrisation » des emprunts privés et, à partir d'elle, de tous les raffinements dangereux apportés à sa suite.

DE LA TITRISATION
À LA TITRISATION AGGRAVÉE

Outre le rôle majeur de l'endettement des ménages dans la marche de maintes économies, la crise récente a replacé en pleine lumière la transformation cruciale du système financier de ces trente dernières années. Dans la plupart des pays, les emprunts privés font l'objet d'une titrisation qui permet à ceux qui les ont octroyés de les revendre à d'autres opérateurs financiers. Du même coup, sous leur nouvelle forme, ces emprunts peuvent être cotés au jour le jour sur des marchés du crédit qui fonctionnent comme des marchés d'actions ou des marchés des emprunts d'État : il devient possible de spéculer sur les variations du cours des titres représentatifs des emprunts.

Même un lecteur totalement profane saisira la nature de l'opération à partir du mécanisme des emprunts d'État. Les États modernes ne s'adressent pas à des banques pour gérer leurs déficits ou leur trésorerie. Ils se portent emprunteurs sur un grand marché des emprunts publics en émettant des obligations ou des bons du Trésor qui sont souscrits, contre numéraire, par une foule d'agents économiques : particuliers, entreprises, fonds de placement, compagnies d'assurances et banques, y compris les banques centrales. Les déficits publics qu'accusent régulièrement les grands États occidentaux depuis plus de trente ans ont ainsi été à l'origine de gisements considérables de titres de la dette publique. Prenant la forme d'obligations ou de bons, les emprunts des États sont titrisés dès l'origine. De même pour les emprunts lancés par les entreprises cotées ou les banques, qui peuvent les émettre sous la forme d'obligations sur de grands marchés *ad hoc*.

Les particuliers et les entreprises non cotées doivent en revanche se procurer nécessairement le crédit dont ils ont besoin auprès d'une banque commerciale ou d'une société de crédit spécialisée. Jusqu'à la décennie 1970, l'usage était que les crédits accordés à leur demande restassent dans les comptes de leurs prêteurs ou fussent éventuellement recédés globalement à d'autres prêteurs qui les prenaient à leur tour en charge de manière durable. La transformation financière que l'on nomme titrisation a consisté à créer des obligations ou des notes de crédit à partir des prêts consentis aux particuliers et aux entreprises non cotées. À la différence des États et des entreprises cotées, les emprunts ne sont pas titrisés à l'origine, à l'initiative de l'emprunteur, mais après leur acceptation par les prêteurs et à leur initiative, dans le but avoué pour ceux-ci de se défaire des risques qui accompagnent l'opération de prêt.

La crise des marchés du crédit qui sévit depuis un an pourrait être l'épilogue de l'expérience de titrisation. Le paysage passablement dévasté qu'offre déjà le système financier fait douter de son bien-fondé. Il semble que la titrisation ait agi comme un mécanisme global de déresponsabilisation des acteurs, comme un processus qui, disséminant et dissimulant les risques à la fois, a opacifié les marchés, au grand dam des bons apôtres d'une vertueuse transparence et d'une clairvoyante gouvernance, comme un dispositif qui mélange les rôles distincts de prêteurs et d'emprunteurs pour aboutir à une situation inextricable. La titrisation a constitué la vraie, la grande innovation financière de ces trente dernières années. Les nouveaux procédés inventés récemment, comme les CDO et les CDS, nous en donnent une version raffinée qui ne modifie pas son principe de départ, consistant à couper le lien entre le prêteur et le prêt qu'il consent.

Apparus au grand jour à l'occasion de la crise, les CDO *(Collateralized Debt Obligations)* illustrent de manière consternante ce mélange d'imprudence, d'avidité et de goût pour la tromperie qui anime tant d'individus agissant sur les marchés financiers. Ils consistent ni plus ni moins à créer de nouveaux *titres* de dettes à partir d'autres titres. Ce sont, si l'on veut, des titres au second degré. Techniquement complexes, ils reposent cependant sur un principe simple consistant à créer un cocktail à partir d'ingrédients représentatifs de dettes qui ne procurent pas le même rendement et ne présentent pas la même sécurité. Sur une base composée de dettes jugées sûres comme les dettes des États ou celles des grands emprunteurs privés les mieux notés, on superpose une couche de dettes à plus haut rendement, comme les dettes des entreprises moins bien notées, puis une couche de dettes à plus haut rendement encore, mais éventuellement douteuses, comme les dettes du marché hypothécaire. Il n'existe aucune raison objective de recourir à la formule des CDO quand les marchés des dettes représentées par ces titres étranges fonctionnent normalement. Mais les auteurs des CDO ont cherché et obtenu, par ce biais, de noyer le risque présenté par certaines catégories de dettes à haut rendement dans la sécurité apparente dont bénéficient d'autres dettes à faible rendement. Le jeu n'est pas à somme nulle. Le CDO se présente comme un titre d'un rendement supérieur à la moyenne, tout en affichant une sécurité proche des titres les mieux cotés. Il permet en apparence de surmonter le dilemme offert par le couple rendement/sécurité. On pourrait ironiser à son sujet en disant qu'il invoque une «coquecigrue», cet animal fabuleux tenant du coq, de la cigogne et de la grue. Mais l'étrange volatile a connu un immense succès.

Quant aux CDS, *Credit Default Swaps*, leur principe n'en est pas moins simple. Ils équivalent à des primes d'assurances. Un opérateur financier, agissant sur les marchés du crédit, court le risque principal d'insolvabilité du débiteur. Il peut être tenté d'acheter des obligations émises par des firmes très endettées comme General Motors ou Ford, qui offrent cependant des rendements appréciables. Le CDS lui donne la possibilité d'acheter ces obligations tout en s'assurant contre l'insolvabilité potentielle des sociétés émettrices. Il se procure cette assurance en achetant un CDS auprès d'un opérateur financier, une compagnie d'assurances ou un fonds d'investissement par exemple. Le prix de l'insolvabilité éventuelle de l'emprunteur sera supporté par l'émetteur du CDS. La réussite du procédé tient au fait que les CDS ont été peu onéreux jusqu'à une date récente, bénéficiant de la prospérité et du faible taux de défaillance des emprunteurs constatés entre 2003 et 2007.

CDO et CDS, que l'on ne s'y trompe pas, s'inspirent de la logique qui a présidé à la titrisation : évacuer ou effacer les risques apparents des opérations de prêts en en transférant le fardeau vers des marchés de nature spéculative où des investisseurs s'en emparent à leur tour. Ils confèrent des degrés d'artificialité supplémentaires à un processus déjà ancien et massivement répandu. On peut les considérer comme des illustrations d'une titrisation aggravée.

Deux conséquences majeures découlent de la titrisation portée à son plus haut degré de raffinement. En premier lieu, les CDO accentuent le risque que leurs auteurs prétendent cantonner. Alors qu'ils se présentent comme d'ingénieuses constructions permettant de consolider les placements à risque en les conjuguant avec des placements plus sûrs, c'est l'effet inverse que l'on peut observer. Lorsque des marchés déterminés, comme ceux des compartiments les plus fragiles du crédit hypothécaire, sont sinistrés, la valeur du titre CDO peut en subir une atteinte grave dès lors qu'il comporte une tranche même minoritaire représentative de dettes correspondantes. Sur un marché soumis aux anticipations, les titres sont voués à subir une décote aggravée lorsqu'un élément d'appréciation négatif apparaît. En second lieu, les CDS démultiplient le risque qu'ils prétendent enrayer. En effet, les primes d'assurances qu'ils représentent, étant cotées sur un marché public, de nombreux opérateurs financiers peuvent les acquérir et les revendre et, par-dessus tout, *prendre des paris sur leur évolution future*. Ainsi a-t-on vu apparaître en quelques années un immense marché de paris à terme sur les CDS que certains évaluent à plusieurs dizaines de milliers de milliards de dollars. Ce serait en raison des CDS détenus par la banque J. P. Morgan dans le domaine des crédits hypothécaires à haut risque que le rachat de la banque Bear Stearns aurait été décidé, afin de lui permettre d'échapper à la faillite dans le sillage de celle de son homologue et concurrente.

Crise du marché hypothécaire américain, difficultés des marchés des CDO et des CDS... sans parler de la défiance qui s'est installée dans tant d'autres compartiments du marché du crédit, tous ces événements nous renvoient à la transformation originelle. Les dirigeants économiques et financiers qui ont voulu ou accepté la titrisation des dettes privées semblent avoir commis une imprudence majeure lorsqu'ils ont ouvert la voie à la déresponsabilisation des prêteurs. La titrisation pose en effet une question cruciale pour la compréhension de la nature du crédit : un prêt est-il un bien ? Il l'est assurément puisqu'il a été confectionné par un agent économique pour satisfaire la demande d'un autre agent économique. On pourrait en déduire que son producteur voudra en garder la responsabilité, d'une manière ou d'une autre, pour marquer la qualité du crédit octroyé sous sa marque. Et c'est bien ainsi que l'évolution de l'activité de crédit s'est faite pour l'essentiel, jusqu'à une période récente.

Or, toutes ces banques commerciales ou d'affaires, toutes ces sociétés spécialisées, tous ces organismes d'assurance ou de réassurance qui interviennent aujourd'hui sur les marchés du crédit, et souvent au-delà de leurs périmètres d'activité habituels, ont pour point commun de ne plus être des prêteurs ou des assureurs au sens classique. Ils sont devenus des parieurs, plus ou moins spécialisés dans telle ou telle catégorie de paris : Bear Stearns dans le *subprime rate*, J.P. Morgan dans les CDS, Société générale dans les indices boursiers, Goldman Sachs dans les matières premières. Cela reste dissimulé aux regards de tous les individus étrangers aux activités financières qui se rendent à leur banque ou chez une compagnie d'assurances pour y traiter de leurs comptes de dépôt ou d'épargne, demander un prêt, souscrire une garantie. Pour eux, rien n'a foncièrement changé derrière les vitrines des organismes financiers, hormis l'omniprésence providentielle de l'ordinateur personnel qui démultiplie l'efficacité des employés. Pour les opérateurs des fameuses salles de marché, en revanche, c'est l'activité de paris qui a pris le pas sur toute autre activité. Cela explique, au demeurant, pourquoi le chef des opérations financières se situe au plus haut sommet de l'organigramme des banques, à peine dissimulé derrière le président et son directeur général.

Mais les banquiers se sont mués en parieurs parce que les marchés du crédit se sont mués en bourses spécialisées dans le traitement des actifs nés de la titrisation. Nous avons pu observer sur ces marchés, depuis l'été 2007, des mouvements de même nature que ceux qui affectent les marchés d'actions dans leurs phases dépressives : baisse brutale des cours des titres, arrêt (krach) des transactions au plus haut échelon représenté par le marché interbancaire où s'exerce l'action de la banque centrale. Les marchés du crédit ont finalement suivi le même modèle de comportement que celui, dit des *booms* et *busts*, qui gouverne le fonctionnement des bourses depuis toujours. Ils oscillent maintenant entre des phases d'euphorie et de peur. Cela est confirmé par Alan Greenspan et son successeur Ben Bernanke pour qui ces marchés et, avec eux, l'économie dans son ensemble suivent un schéma de fonctionnement où, la gestion du risque étant nécessairement imparfaite, sont appelées à se succéder des périodes favorables et défavorables, dominées tour à tour par l'optimisme et par le pessimisme.

Les propos convergents de ces augustes personnages posent cependant une double question de fond sur le rôle de la psychologie dans le cycle économique et sur la nature de la mission qui est impartie aux banques centrales. Il convient de dire avec la plus grande force qu'ils procèdent d'une analyse erronée qui a pour effet de dévoyer ces banques et leurs politiques monétaires.

LE DÉVOIEMENT
DES BANQUES CENTRALES

Contrairement aux dires d'Alan Greenspan[1] et de Ben Bernanke[2], l'économie, du moins celle constituée par la sphère productive des biens et des services nécessaires à la vie courante des ménages, des entreprises et des administrations, et dont on conviendra qu'elle joue le rôle central, connaît *trois* états psychologiques, et non pas deux. L'état normal, qui permet le déroulement paisible des activités dans un climat de croissance maîtrisée, est celui de la *confiance*. C'est le mot qui revient avec force dans les commentaires économiques chaque fois qu'une crise économique est surmontée. Il renvoie d'abord à la psychologie de l'entrepreneur ou du *manager*, qui décide de nouveaux projets et du montant des investissements et des embauches, et à celle du consommateur, déterminée par les décisions de l'entrepreneur et du *manager* mais aussi par les conditions du crédit et la politique économique des pouvoirs publics. La confiance règne quand aucun obstacle majeur ne se dresse sur le chemin qu'entendent suivre les agents économiques. Ceux-ci se livrent alors aux dépenses qu'ils jugent nécessaires ou souhaitables. Production et demande s'élèvent par paliers, en s'ajustant réciproquement à très peu près.

En revanche, l'optimisme est aussi dangereux pour l'économie qu'il peut l'être dans tout autre domaine de l'action humaine. Il conduit les entrepreneurs et les *managers* à des investissements et des embauches globalement excessifs, et les consommateurs à se couvrir de dettes qu'ils ne pourront pas assumer. Nous avons pu observer durant ces quinze dernières années ses manifestations dangereuses dans le cas de la bulle des investissements et des valeurs liées aux nouvelles technologies, entre 1998 et 2001, puis dans celui des bulles immobilières américaine, anglaise, espagnole et irlandaise, formées par étapes entre 1995 et 2007. Il y a gros à parier que maints pays émergents favorisés les uns par la hausse des prix de leurs matières premières, les autres par un décollage industriel largement aidé par les exportations en direction des pays développés connaissent, au moins dans de larges pans de leurs économies, une manifestation de cet optimisme. Chaque fois que des paramètres significatifs de l'économie dépassent certaines limites historiques, les agents économiques présumés rationnels, s'imaginant que les anciennes contraintes ont disparu, se laissent gagner et aveugler par l'optimisme.

Ce point n'est pas aussi banal qu'il peut apparaître au premier abord. Le danger que l'optimisme de ses agents fait courir à une économie est profondément lié au phénomène de la concurrence. Indépendamment des circonstances plus ou moins favorables dont peut jouir chaque économie, le mécanisme concurrentiel incite les dirigeants d'entreprises à programmer des projets ambitieux. Ils suivent un raisonnement spontané qui pourrait s'exprimer ainsi : « Si je devais renoncer aux projets que je peux lancer, ce sont mes concurrents qui en tireraient avantage, en accaparant le chiffre d'affaires et le profit auxquels j'aurai renoncé du fait de mon refus d'agir. » De ce fait, les économies concurrentielles sont poussées, par construction, à investir ou embaucher plutôt plus qu'elles ne devraient, toutes conditions égales par ailleurs. Et c'est pourquoi elles ne peuvent échapper à une marche cyclique marquée par des temps forts, correspondant aux moments où les entreprises réalisent des projets ambitieux, et des temps faibles, où ces entreprises doivent réajuster leurs capacités et leurs actions en fonction des résultats obtenus.

Le raisonnement ne signifie pourtant pas, contrairement aux allégations de MM. Greenspan et Bernanke, que toute économie est vouée à connaître l'euphorie des *booms*, puis la peur des *busts*. Les ajustements cycliques peuvent et doivent rester modestes et peu dommageables, à condition que la politique monétaire de la banque centrale et la politique économique des pouvoirs publics aient été appliquées avec prudence et pertinence. Le basculement vers la défiance, voire la panique, et les dégâts qui s'ensuivent sont évitables si le pilotage de l'économie a permis de maintenir un climat de confiance, sans excès d'optimisme de la part de la masse des agents économiques. De fait, Greenspan et Bernanke appliquent à l'économie entière, de manière fallacieuse et d'ailleurs non argumentée, le schéma particulier du fonctionnement des marchés boursiers, schéma que la titrisation a étendu aux marchés du crédit puis, par le biais du marché hypothécaire, aux marchés immobiliers dans différents pays. Leur schéma de pensée comporte de lourdes conséquences pour la conception et la conduite de la politique monétaire. Si, en effet, les agents économiques sont condamnés à osciller, par leur nature psychologique, entre l'optimisme et le pessimisme, alors la tâche de la banque centrale et celle des pouvoirs publics s'en trouvent extrêmement simplifiées dans le principe, sinon dans les techniques employées. Ils n'ont pas à agir, bien au contraire, quand se forment les bulles entraînées par l'optimisme des agents économiques. Leur devoir se situe en aval du cycle économique et financier, quand l'économie se réajuste en catastrophe, par suite de l'éclatement des bulles. Ils s'efforcent alors d'endiguer la spirale dépressive par des politiques de relance massives, monétaire et budgétaire. Alan Greenspan et George Bush Jr ont incarné ce « modèle » d'action économique, entre 2001 et 2004, Ben Bernanke l'incarne à son tour depuis le 18 septembre 2007, date de la nouvelle bifurcation totale de la politique monétaire américaine.

En contrepoint du schéma suivi par les autorités américaines, on peut soutenir que la mission de la banque centrale et du gouvernement consiste à préserver avec précaution l'état psychologique normal représenté par la confiance. Ils doivent maintenir, autant qu'ils le peuvent, le système économique dans le *corridor* de la confiance, pour lui éviter de tomber fâcheusement dans les états psychologiques préjudiciables de l'optimisme et du pessimisme. Pour ce faire, ils doivent prendre en considération *tous* les paramètres majeurs significatifs de l'état de santé économique : la croissance, la rentabilité des entreprises, l'emploi, l'évolution des prix et celle du pouvoir d'achat, *l'évolution de la dette respective des différentes catégories d'agents économiques*, le solde des comptes extérieurs. Le maintien durable de la confiance et, avec lui, la maîtrise du processus de croissance dépendent d'une évolution convenable de ces divers paramètres. Autant dire, au passage, que l'objectif de stabilité des prix, affiché par les grandes banques centrales, et celui d'équilibrage des comptes publics, voulu par les instances européennes, réduisent singulièrement le champ du bilan de santé économique. Il était fallacieux de faire un bilan véridique de l'état des États-Unis, de l'Angleterre et de l'Espagne sans prendre en compte les courbes fortement croissantes de l'endettement de leurs ménages, des prix de l'immobilier et du déficit extérieur. Nous le vérifions enfin aujourd'hui dans le contexte d'une crise financière qui infecte l'ensemble des économies occidentales.

APRÈS LE SÉISME, LA RECONSTRUCTION

L'épisode de crise a eu cependant, et enfin, la conséquence heureuse d'ébranler la croyance dans les dogmes grâce à laquelle l'expérience économique et financière de ces vingt-cinq dernières années a pu être conduite sans désemparer. Des personnalités économiques et financières, comme Giulio Tremonti, ministre des Finances italien en exercice, ou Josef Ackerman, président de la Deutsche Bank, avouent avoir commis une erreur en mettant une totale confiance dans la capacité autorégulatrice des marchés financiers. Et chaque jour la perplexité et le doute s'accroissent, au sein même du monde fermé des analystes de ces marchés. Si l'on n'en est pas encore à brûler ce que l'on a adoré, on commence à penser qu'il serait peut-être bon d'adorer à nouveau ce qu'on a brûlé, à savoir l'intervention économique des États, sous une forme à définir, mais dont le principe n'est plus rejeté avec mépris.

Cela suppose un réarmement politique des États pour leur permettre d'intervenir dans les différents domaines où l'absence de réglementation et de régulation effectives a ouvert la voie au drame que nous sommes en train de vivre. Je n'examinerai que trois domaines où, me semble-t-il, l'intervention économique s'impose, à la lumière des leçons administrées par les crises du quart de siècle écoulé.

La solvabilité de la demande constitue le premier domaine de réflexion et d'action pour les pouvoirs publics et leurs premiers interlocuteurs, les dirigeants d'entreprises. Les défauts de paiement qui ont été et seront encore à l'origine des tribulations financières résultent d'un surendettement des ménages concernés qui a été accepté, voire voulu, dans le but de réduire le rôle de la rémunération du travail dans le financement de la demande finale. La crise signifie d'abord, d'un point de vue qui échappe à la controverse, que l'expédient de l'endettement des ménages dans les pays riches a épuisé ses effets. Un scénario de sortie de la crise économique, née dans le sillage de la crise financière, consistant à relancer à toutes forces le processus d'endettement des ménages occidentaux, pour éviter le débat sur la rémunération des gens au travail, paraît peu imaginable. Les entreprises et les gouvernements doivent se pencher sur la question de la rémunération du travail et dire si, oui ou non, le principe de son indexation sur la productivité, presque abandonné ces dernières années, redevient d'actualité. Hors d'une réponse à cette question préalable, toute dissertation sur la régulation financière reste oiseuse.

La régulation des marchés du crédit, deuxième domaine où une révision passablement déchirante serait bienvenue, implique une responsabilité des prêteurs qui met en question le processus de titrisation. Les marchés qui financent effectivement la croissance ne peuvent plus fonctionner comme des bourses. Les États ont la faculté de ressaisir le pouvoir de définir de grandes règles à partir desquelles une reconfiguration du système de crédit pourra s'opérer. La règle majeure consisterait à subordonner l'accès des organismes de crédit au refinancement de la banque centrale, quel que soit leur statut juridique, à une obligation de conserver dans les comptes tout ou partie des actifs nés à la suite des prêts consentis. Une règle moins impérative, mais dans le même esprit que la précédente, consisterait à instituer, sous le contrôle d'organismes publics, à l'échelon national ou européen, pour ce qui nous concerne, une notation des prêteurs, se substituant à la notation des emprunteurs qui s'est révélée inopérante, voire trompeuse.

Le rôle des banques centrales et la manière dont elles exécutent la politique monétaire, troisième domaine à réétudier, ont été réactualisés par la tempête financière. Personne ne peut soutenir sans mauvaise foi que cette tempête aurait pu se lever sans que les responsables des grandes banques aient commis des erreurs substantielles d'appréciation, que leurs interventions dans l'urgence dénoncent d'ailleurs implicitement. Je répète que le rôle des banques centrales, dans leur domaine spécial, consiste à œuvrer à l'établissement de la confiance dans la sphère productive. Cela signifie *a contrario* qu'elles doivent échapper à la tutelle de fait que les opérateurs financiers exercent sur elles, depuis qu'elles se sont affranchies de la tutelle de droit que les États, dont elles sont les délégataires, exerçaient auparavant. *Les banques centrales ne peuvent pas être indépendantes*.

Nous avons été en effet les jouets d'un malentendu dont les grands acteurs financiers, aujourd'hui sur la sellette, ont été les artisans, avec l'aide de complices plus ou moins conscients en la personne des politiques. Profitant de ce que les populations, traumatisées par la forte inflation des années 1970, aspiraient à la stabilité de la monnaie, une véritable conspiration s'est nouée pour couper tout lien de subordination des banques centrales par rapport aux États, alors que l'inflation avait déjà été éradiquée dans tous les pays industrialisés sans exception. Mais la stabilité monétaire s'est accompagnée d'une instabilité financière et d'une spéculation immobilière qui engagent la responsabilité de l'ensemble des acteurs financiers, dont les banques centrales. Les populations doivent prendre en considération que la stabilité monétaire a surtout favorisé la préservation des gains financiers sans contribuer à l'amélioration de leur sort matériel désormais menacé par des facteurs, tels que les majorations de prix des matières premières, sur lesquels les banques centrales n'ont pas de prise. Elles doivent prendre conscience, dans la foulée de ce constat, que la proclamation d'indépendance des banques centrales ne fait que travestir leur subordination aux marchés financiers. Telle est, sans doute, la leçon politique la plus dérangeante de l'expérience qui a fini par soumettre la production, la monnaie, les entreprises et les populations aux calculs et aux intérêts du monde des marchés. Pour ce qui est de la France et de ses partenaires de la zone euro, le moment est venu de redéfinir les statuts de la banque de Francfort pour y faire apparaître l'objectif central de sa politique monétaire, les critères économiques et financiers qu'elle utilise à cette fin, ainsi que les conditions dans lesquelles elle doit rendre compte de l'exécution de cette politique, auprès des représentants des États, en conformité avec sa mission de service public.

Chapitre II

POUR UN NOUVEAU
SYSTÈME BANCAIRE

Les deux années de turbulences et d'épreuves que nous avons subies, depuis l'été de 2007, n'ont pas encore permis d'ouvrir le débat de fond sur les missions et l'organisation des banques qui aurait dû s'imposer après l'officialisation de leur débâcle collective[1]. Une étrange coalition s'est formée entre les banquiers occidentaux, premiers coupables de cette débâcle par leurs actions dévoyées, les gouvernements, deuxièmes coupables par leur négligence politique, et tant de locuteurs médiatiques, coupables eux aussi par l'incurable conformisme intellectuel qui s'est emparé d'eux depuis les débuts déjà lointains de l'expérience néo-libérale. D'innombrables discours nous sont infligés, qui comportent tous ces trois mots : « après la crise ». Or, en cette rentrée 2009, nous ne savons à peu près rien de ce qui nous attend dans le proche avenir. S'il était aisé de pronostiquer une chute profonde de l'activité dès la fin du printemps de 2008, au vu des carnets de commande et des enquêtes auprès des chefs d'entreprise, il est impossible, en cette rentrée 2009, de dire si les ressorts classiques de la reprise, que sont les ambitions de croissance des entreprises et la recherche d'un meilleur niveau de vie par les particuliers, vont se tendre à nouveau pour de bon. La crise n'est pas de nature cyclique. L'information quotidienne nous distille deux catégories d'indices. Les uns laissent présager une stabilisation de la majorité des économies occidentales, après la fin du déstockage de l'industrie et de la distribution, et grâce à la demande suscitée par des plans de relance massifs. Les autres font naître de nouveaux motifs d'inquiétude : défauts et retards de paiement toujours croissants des ménages américains, anglais ou espagnols débiteurs, renchérissement des emprunts des Trésors publics les mieux notés, contraction relative des crédits accordés aux entreprises et aux particuliers, entrées continuelles au chômage de personnes déjà accablées par leurs dettes anciennes, risques de faillite d'entreprises dont le capital a été racheté sur fonds d'emprunt, pertes de nombreux fonds de pension engagés sur les marchés boursiers. Nous connaissons une situation d'incertitude maximale.

Mais, surtout, un indicateur crucial nous montre que la confiance mutuelle n'est pas réapparue au sein du monde bancaire, en dépit du soutien massif que lui ont apporté les banques centrales et les États. Le marché interbancaire fonctionne au ralenti. Ce marché constitue une pièce centrale du système de crédit. Il permet aux banques commerciales de se prêter mutuellement de jour comme de nuit. Les banques centrales, qui en suivent constamment les évolutions, en tiennent compte pour leurs propres décisions de politique de refinancement des banques commerciales. C'est ainsi qu'elles peuvent décider d'accroître leurs concours pour alléger les tensions qui apparaissent épisodiquement sur le marché interbancaire. Et, dans des circonstances exceptionnelles, les banques centrales peuvent décider de se porter directement sur ce marché pour se substituer aux prêteurs défaillants. C'est ce qui s'est passé le 9 août 2007, jour où la Banque centrale européenne a offert 95 milliards d'euros pour débloquer un marché subitement à l'arrêt, puis à différentes reprises dans l'ensemble des pays développés au cours des deux années écoulées. La crise du marché interbancaire culmine entre septembre et novembre 2008, période durant laquelle les taux pratiqués ont atteint des pics historiques. Depuis lors, l'acharnement des banques centrales, un peu partout dans le monde, a permis de ramener les taux pratiqués sur ce marché à des niveaux très bas, les plus bas, d'ailleurs, de l'après-guerre. Un observateur lointain pourrait croire à un retour à la normale.

Or, les quantités échangées quotidiennement sur ce marché, qui équivalent d'ordinaire à quelque cinq mille milliards de dollars, ne représentent plus que quelque cinq ou six cents milliards. Sans l'action constante des banques centrales, le marché cesserait de fonctionner pour de bon. Alors que les banques commerciales affichent collectivement leur confiance dans un rétablissement complet de leurs comptes, le rythme des échanges sur le marché interbancaire montre qu'elles se méfient individuellement les unes des autres. Elles savent, ou elles croient savoir, que leurs homologues sont toujours affligées par les mauvaises créances qui se sont multipliées depuis le début de la décennie. C'est peut-être à partir de cet état de choses que se mesure vraiment la gravité historique de la crise.

Le marché interbancaire est en effet à la fois crucial et singulier dans le système économique. Crucial, parce que en assurant la trésorerie des banques commerciales il permet à l'ensemble de l'appareil de crédit de fonctionner sans à-coups. Par voie de conséquence, il représente l'équivalent, pour l'économie saisie dans sa globalité, de l'ensemble cœur-poumon qui oxygène le corps humain. Singulier parce que, tandis que les banques s'affrontent pour attirer les déposants et les épargnants et faire les prêts et les placements qu'elles croient les meilleurs, elles sont, sur le marché interbancaire, dans une situation de réciprocité et de coopération explicite. L'existence de ce marché démontre que les banques forment, par construction, un monde à part au sein du système économique.

La singularité de ce marché a été fortement illustrée par la crise comparable qui avait atteint les banques de la place de New York en 1907. Elles aussi refusaient de se prêter entre elles. Alors, pour sortir de l'impasse, le banquier le plus respecté de l'époque, John Pierpont Morgan, prit l'initiative de convoquer chez lui l'ensemble des patrons de banque new-yorkais. Il les enferma dans sa bibliothèque en leur donnant la consigne suivante : « Vous ne sortirez que lorsque vous aurez prêté serment de reprendre votre pratique de prêts mutuels. » Ce qu'ils firent, et tout rentra dans l'ordre.

La situation nous oblige donc à examiner les conditions dans lesquelles on pourrait sortir le marché interbancaire de l'ornière, pour consolider durablement la bonne marche du crédit et assurer la reprise économique. Car ce sont toujours les banques centrales qui empêchent sa paralysie, par des apports continuels de liquidités. Dans les faits, depuis l'épisode de panique de l'automne de 2008, les banques centrales ont changé de rôle. Prêteuses en dernier ressort dans le schéma classique, en allouant, par voie d'adjudications hebdomadaires, des compléments de financement à l'appareil bancaire, elles tiennent, désormais sous la contrainte des faits, le rôle de prêteuses en premier ressort. Situation qui équivaut à *une étatisation de fait du système de crédit*, quelles que soient les banques concernées, dont certaines ont été nationalisées totalement ou partiellement, tandis que d'autres, en France particulièrement, parvenaient à empêcher l'entrée de l'État dans leur capital.

Tout le dispositif du crédit bancaire est ainsi remis en question, d'une façon radicale. Les demandes de nationalisation des banques qui ont bénéficié d'un soutien par les États un peu partout dans le monde sont d'autant plus légitimes que, indépendamment de ce soutien, le circuit primordial du crédit a été étatisé par l'intermédiaire des banques centrales. Au-delà de toute querelle idéologique, la nouvelle donne signifie que les banques commerciales se positionnent depuis un an déjà comme des filiales implicites des banques centrales. Alors, après tant d'épisodes tumultueux, la question se pose définitivement de savoir comment faire pour que le système bancaire trouve une nouvelle organisation et de nouvelles marques remplaçant celles qui ont disparu.

ÉNONCÉ

Tout en révélant la fragilité des banques occidentales, la crise a mis ou remis en lumière des aspects essentiels pour l'organisation de l'activité bancaire dans sa spécificité. Premièrement, chacun peut voir que les banques commerciales et les banques centrales forment un tout et que les rapports entre les premières et les secondes doivent être jugés dans cette perspective. Deuxièmement, le risque réapparu de retrait brutal de leurs avoirs par les déposants fait resurgir l'ambiguïté séculaire d'institutions qui exercent conjointement deux métiers, celui de gardien des dépôts de monnaie et d'épargne et celui de prêteur ou d'investisseur, qu'il n'est pas forcément nécessaire de mener de front. Troisièmement, le développement par les banques d'activités de paris sur toutes sortes d'actifs, anciens ou nouveaux, non pas pour le compte de leurs clients mais en leur nom propre, les fait déborder du périmètre de leurs deux métiers traditionnels. Quatrièmement, on a pu repérer l'anomalie représentée par l'engagement des banques de certains pays sur les marchés du crédit d'autres pays, non pas pour répondre à des besoins qui ne seraient pas remplis par les banques locales, mais pour y prendre des risques supplémentaires. Cinquièmement, point qu'il faut rapprocher du précédent, les effets dévastateurs de la titrisation, procédé consistant pour les banques à revendre à d'autres banques ou à des fonds de placement les prêts qu'elles ont octroyés, alors qu'elles devraient garder dans leurs comptes les risques qu'elles ont pris en première instance. Reprenons ces points dans l'ordre.

Premier point, les banques commerciales et les banques centrales forment un tout. Dans une situation normale de confiance, les banques commerciales émettent des prêts de différentes sortes auprès d'une large clientèle de particuliers et d'entreprises. Elles sont prêteuses en premier ressort. Ce rôle leur est dévolu à partir du postulat qu'elles connaissent bien leurs clients, leur personnalité, leur manière d'agir, la stabilité de leur comportement et leur capacité de faire face aux difficultés. Elles ont aussi, en contrepartie, un rôle essentiel à jouer de conseil, tout spécialement pour les particuliers aisés qui doivent placer leur épargne et pour les petits entrepreneurs qui font face à des difficultés de gestion quotidiennes. Elles participent ainsi de l'intérieur au mouvement historique de développement des économies. Cependant, comme elles sont placées en concurrence les unes par rapport aux autres, elles pourraient laisser s'emballer leur activité de crédit dans l'espoir d'élargir leurs parts de marché, au risque d'inscrire de plus en plus de mauvais prêts dans leurs comptes. À l'inverse, quand les conditions générales de l'économie tendent à se dégrader, elles peuvent être tentées de restreindre au-delà du nécessaire leurs octrois de crédit. C'est ici qu'interviennent les banques centrales, à la manière d'un frein ou d'un accélérateur. Celles-ci peuvent agir de deux manières pour contrôler l'expansion monétaire : d'abord en pilotant les taux et les montants des crédits complémentaires qu'elles octroient aux banques commerciales à l'occasion de leurs adjudications hebdomadaires, ensuite en modulant le montant des sommes que les banques commerciales doivent conserver dans les comptes qu'elles ont auprès des banques centrales. C'est sur cette base que fonctionne d'ordinaire le couple formé par les banques commerciales et les banques centrales. Or, cette base s'est effondrée.

Deuxième point, la cohabitation historique des deux métiers traditionnels de la banque commerciale fournit de nouveau un sujet majeur d'interrogation. Ce sujet revenait chaque fois que, dans le passé, une ou plusieurs banques tombaient en faillite. Il s'est imposé massivement durant la Grande Dépression avec la liquidation de quelque vingt mille petites banques américaines. Il a été réactualisé par la chute de Northern Rock suivie de celle d'autres banques américaines, anglaises, irlandaises. Les déposants doivent-ils payer les pots cassés des erreurs ou des fautes commises par leurs banques dans le domaine du crédit et du placement ? Les gouvernements ont répondu dans l'urgence en garantissant les sommes déposées pour des montants importants. Mais personne de sensé ne peut croire qu'ils ont les moyens de faire face à un effondrement de la majorité ou même d'une fraction substantielle des banques concernées.

Troisième point, à la faveur d'une série d'affaires dont la dernière en date porte le nom de Jérôme Kerviel, le public a pris conscience de l'énormité des sommes que les banques engagent sur des paris concernant tout un ensemble d'actifs : les actions cotées et les indices boursiers, la valeur des prêts titrisés, les devises, les matières premières. Or, autant on s'est appesanti sur la vénalité des acteurs ou le défaut de surveillance de la part des responsables des banques, autant on a laissé dans l'ombre le sujet décisif en la matière. Au nom de quelle utilité économique déterminée les banques mobilisent-elles leurs cohortes de *traders* ? La réponse valable serait qu'elles agissent pour le compte de leurs clients, par exemple par des achats à terme de contrats représentatifs de matières premières ou de devises, afin de leur garantir un approvisionnement à un prix certain. Mais c'est en leur nom propre que l'immense majorité des opérations est exécutée, afin de doper les résultats financiers. C'est ainsi que les bénéfices tirés du *trading* ont fini par représenter au moins le tiers des profits des banques commerciales. Faut-il laisser se maintenir cet état de fait, alors que les banques ont subi à l'inverse, à l'occasion de la crise, des pertes sensibles sur ce genre d'opérations ?

Quatrième point, nous avons pris conscience du facteur de danger systémique qui réside dans l'internationalisation de la prise de risque par les banques. Les banques européennes devaient-elles monter dans la galère du crédit hypothécaire américain ? Les banques autrichiennes devaient-elles accepter de fournir du crédit à profusion aux ménages hongrois désireux de vivre sur un plus grand pied ? S'agit-il de la manifestation d'un marché mondial de l'offre et de la demande de crédit, à laquelle on ne peut échapper et qu'il serait seulement nécessaire de superviser pour en limiter les risques potentiels ? Le Canada a fourni la démonstration contraire. Fait instructif, dans ce pays proche géographiquement et culturellement des États-Unis, dont l'économie est partiellement incorporée à l'économie voisine, les banques se sont tenues à l'écart de la bulle du crédit américain. Dans un système financier mondial décloisonné, on peut encore, quand on en a la prudence et le courage, garder sa personnalité et accepter de rester chez soi. C'est ainsi que les banques canadiennes ont échappé au virus du *mortgage* fou.

Cinquième point, nous devrions admettre les méfaits si évidents de la titrisation, promue par les banques, mais qui se poursuit derechef, comme si elle allait de soi. Richard Fisher, président de la Réserve fédérale de Dallas, le disait pourtant en octobre 2008 : « La crise financière est une crise de la titrisation. » Pourquoi refuse-t-on d'ouvrir le dossier de la titrisation, dont les banques veulent toujours, alors qu'elles en ont été les victimes ? Car la titrisation des prêts, qui permet aux banques et aux sociétés de crédit de revendre ces prêts, produit quatre effets majeurs. Elle déresponsabilise le prêteur initial en le détournant de procéder à une évaluation scrupuleuse du risque. Elle empêche un suivi attentif des risques liés à ces prêts. Elle en facilite la propagation lointaine. Elle finit par agir comme un boomerang quand les banques, qui se sont déchargées des risques attachés à leurs propres prêts, se mettent cependant en grand danger en rachetant à l'aveuglette des titres représentants les prêts accordés par d'autres, sur des marchés opaques.

Voici l'énoncé sommaire de la question de la banque.

LES PROPOSITIONS RADICALES DE MAURICE ALLAIS

Il est bien des demeures dans la maison du père nommé « Libéralisme ». Maurice Allais, dernier en date des Prix Nobel d'économie français, illustre cette proposition. Libéral proclamé et détracteur de toujours du collectivisme, il s'est cependant placé à rebours de l'expérience néo-libérale dans les domaines monétaire et financier. Sa position critique et ses propositions de réforme radicale ont été formalisées il y a dix ans[2]. Je m'appuierai sur celles qui touchent spécifiquement l'organisation et les pratiques des banques pour tenter ensuite d'émettre des propositions moins drastiques quoique tendant au même objectif que celui poursuivi par Maurice Allais : réformer et assainir un système dévoyé et dangereux.

Maurice Allais soutient que la création monétaire devrait être réservée aux États ! Quelque vingt ans après que les États occidentaux se sont interdit de recourir à cette faculté, et alors que l'indépendance des banques centrales vis-à-vis des exécutifs avait été confirmée ou instituée dans cet esprit au nom de la prévention de l'inflation, notre compatriote s'est inscrit à l'exact opposé, quoique dans un but particulier. Conscient que la croissance réclame l'expansion monétaire, il refuse que cette expansion procède du système bancaire et des banquiers. Il craint par-dessus tout les excès de ce que l'on appelle la transformation monétaire, autrement dit la faculté pour les banques de prêter au-delà des sommes déposées auprès d'elles et des sommes qu'elles ont empruntées, mais aussi la faculté de prêter à moyen ou long terme des sommes qui peuvent leur être réclamées à tout moment ou à bref délai. Retenons, en tout cas, que Maurice Allais ne partage pas la vision d'un État économiquement irresponsable que la tribu néo-libérale cherche à nous imposer.

Notre auteur entre encore plus dans le vif du sujet quand il propose de réorganiser l'appareil bancaire entre trois catégories d'établissements : établissements de dépôt, établissements de prêt et banques d'investissement ou d'affaires. Les premiers nommés reprendraient les premières fonctions des banques commerciales actuelles consistant à recevoir les dépôts et à assurer les paiements réciproques de l'ensemble des agents économiques. Les deuxièmes nommés se livreraient aux activités classiques de prêts commerciaux tout en respectant des conditions rigoureuses d'égalité entre leurs ressources et le montant des prêts consentis. Les troisièmes nommées se consacreraient à investir dans les entreprises les fonds empruntés au public ou aux établissements de prêt. Parallèlement, il exige l'interdiction pour les banques commerciales ou d'affaires de spéculer sur les actions, les indices boursiers, les devises, les produits dérivés. Nous voyons ici aussi à quel point Maurice Allais s'oppose aux pratiques de ces dernières années qui ont vu les banques commerciales et d'affaires développer leurs activités spéculatives, tandis qu'il dissocie clairement les métiers de gestion des dépôts et de prêteur. Il apporte ainsi des réponses sans équivoque à l'énoncé du problème de la banque.

Il insiste enfin sur la nécessité pour les banques de disposer de liquidités. C'est encore une proposition lourde. Les projets de réforme sur lesquels planchent les États occidentaux, la Commission européenne, sans compter une multitude de comités Hippolyte ou Théodule publics ou privés, se préoccupent d'abord de renforcer les fonds propres des banques[3]. Or, ces fonds n'ont d'utilité qu'au moment de leur constitution ou de leur augmentation, lorsqu'ils représentent de l'argent frais pour le bénéficiaire. Car ils sont forcément dépensés. À titre d'illustration, les fonds propres supplémentaires levés par les banques et plusieurs grandes entreprises occidentales dans le courant du premier semestre 2009 ont servi à combler certaines des brèches apparues dans les comptes. Ils ne peuvent servir de garantie en prévision de nouvelles pertes inopinées. Si l'on veut se prémunir de telles pertes, il importe de constituer des réserves liquides qui, hélas, resteront inemployées.

Il y a dans le texte de Maurice Allais beaucoup de choses utiles, voire nécessaires, pour orienter une vraie réflexion et exposer des propositions allant bien au-delà des calembredaines fastidieuses sur la supervision et la transparence qui émaillent les propos de nos dirigeants économiques, financiers et politiques.

RÉORGANISER L'APPAREIL BANCAIRE, RESPONSABILISER LES PRÊTEURS

Envisageons en premier lieu l'ensemble formé par les banques centrales et les banques commerciales. Deux décisions lourdes conjuguées semblent s'imposer. En replaçant les banques centrales sous la tutelle juridique explicite des États, d'abord, il deviendra possible de leur assigner une mission claire de soutien à l'économie productive, qui implique la fin de leur subordination de fait aux marchés financiers et à leurs opérateurs. Je plaide à nouveau pour que cette mission prenne en compte tous les paramètres pertinents de compréhension de la marche des économies et que les responsables de la banque centrale, en collaboration avec les États, agissent pour établir *une proportionnalité entre les trois catégories de dettes*, celle des entreprises qui devrait venir en premier, celle des ménages, en second, et celle des administrations, en dernier. En replaçant ensuite les banques commerciales sous la tutelle directe des banques centrales, à la manière d'un réseau de filiales, le vrai couple formé par les premières et les secondes serait confirmé et leurs responsabilités réciproques seraient réaffirmées. Cette proposition laisse place à un statut diversifié des banques commerciales, public, privé ou mixte selon le cas.

C'est dans ce cadre explicite que les banques centrales et les États pourront ordonner aux banques commerciales, comme John Pierpont Morgan le fit en 1907, de reprendre une activité normale de prêts mutuels, tandis que leur seront assignés des objectifs raisonnables d'expansion du crédit. Ce qui apparaîtra à certains comme une forme de dirigisme est la pratique usuelle dans cette Chine capitaliste qui fait l'admiration des néo-libéraux en Occident. Pourquoi devrions-nous laisser nos banquiers, premiers responsables de la débâcle, en position de souverains, alors que leurs homologues chinois restent des serviteurs zélés de la cause nationale de l'expansion, chargés d'aider l'économie à se hisser au premier rang mondial[4] ?

Parallèlement, nous pourrions suivre partiellement Maurice Allais sur un point, en permettant aux banques centrales de monétiser la dette des États, dans la limite d'un montant annuel défini dans les lois de finances, au plus égal à 2 % du PIB, afin d'empêcher l'étranglement du Trésor par la charge du remboursement ou l'asphyxie des contribuables par la surcharge fiscale. Car quand il propose de réserver la création monétaire à l'État, c'est aussi pour réduire le poids des impôts. Enfin, il importe, sur le même sujet, d'indiquer au lecteur, à toutes fins utiles, que les banques centrales des États-Unis et d'Angleterre ont d'ores et déjà exécuté des programmes de rachat d'obligations de leurs Trésors publics respectifs, de 300 milliards de dollars et de 175 milliards de livres.

Faut-il séparer le métier de gardien des dépôts, dans un monde où chacun doit pouvoir disposer de comptes pour encaisser ou décaisser, de celui de prêteur et, *a fortiori*, de celui de spéculateur ? Maurice Allais le réclame avec un argument classique. Puisque les dépôts remis à la banque ne peuvent être considérés comme sa propriété, même temporaire, il convient d'interdire qu'ils servent de base à des prêts de plus ou moins longue durée. Or, s'il est vrai que le dépôt en banque reste la propriété formelle du déposant, on doit le suivre sur ce point, je crois qu'il succombe à une illusion qui s'est maintenue depuis des siècles : celle d'une transformation des dépôts en prêts. Certes, les dépôts auprès des banques figurent à leur passif tandis que les prêts sont comptabilisés à leur actif. Mais cette cohabitation comptable ne signifie pas que les seconds procèdent des premiers. Il faudrait au contraire envisager l'activité de crédit comme une activité *sui generis* développée à partir du XVIIe siècle par des banquiers ou des commerçants spécialisés, comme la Banque d'Amsterdam ou les orfèvres londoniens, à la demande de leurs clients. C'est, au moins dans la première phase d'essor du crédit moderne, la demande qui a constitué le premier moteur de crédit. Pour faire simple, les clients de ces commerçants demandaient qu'on leur avance de l'argent pour leurs opérations économiques, sous la forme de billets de banque de même facture que ceux représentant leurs dépôts de monnaies métalliques. Le progrès régulier de cette demande a permis ensuite au métier de banquier prêteur de se constituer une fois pour toutes, sans pour autant que l'activité primordiale de gardien des dépôts ne soit abandonnée. Mais la fonction de prêteur a été sûrement, et dès l'origine, une fonction en soi, consistant à faire un pari sur le remboursement avec intérêts des sommes dues. Elle a consisté foncièrement à *émettre* de la monnaie en fonction d'un calcul économique, et non pas à mettre à disposition de certains des sommes qui étaient la propriété des autres. Autrement dit, les idées de transformation monétaire ou d'intermédiation bancaire, qui sont à la base des présentations de l'activité bancaire classique, déforment la réalité sous-jacente et dissimulent la vraie nature de l'activité du banquier prêteur, celle d'émetteur de crédit, soit à partir de ressources propres, soit à partir de sommes empruntées, soit à partir de monnaie créée. La banque commerciale classique prend la responsabilité de la création monétaire en premier ressort.

Mais si les métiers de gardien des dépôts et celui de prêteur sont séparés dans les faits, il convient de les séparer juridiquement. On peut alors adopter la proposition radicale de Maurice Allais, quoique pour d'autres raisons que celle qu'il avance. Il s'agit, d'un côté, de protéger les déposants contre le risque de faillite de leurs banquiers mauvais gestionnaires des prêts qu'ils ont accordés. Il s'agit, d'un autre côté, symétrique du précédent, de mettre les banques prêteuses à l'abri de retraits brutaux de leurs dépôts par des clients alarmés par de mauvaises informations, vraies ou fausses, détruisant la confiance dont elles bénéficiaient auparavant. On peut, on doit sans doute, envisager la création de purs établissements de dépôt — des *caisses de dépôt et d'épargne* — qui fonctionneraient comme de véritables coffres-forts électroniques et informatiques, servant aux encaissements et aux décaissements usuels des agents économiques à partir de la monnaie existante. Les établissements remplissant cette fonction simple mais nécessaire pourraient aussi, cela va de soi, mener une activité de conseil de la clientèle de déposants, tout spécialement s'ils veulent placer une épargne courte ou longue ou, au contraire, contracter un emprunt. Dans le premier cas, l'établissement de dépôt pourra se charger de garder les titres représentatifs de l'épargne ; dans le second, il aidera son client à trouver un prêteur correspondant à son besoin. Dans le cadre de son activité d'aide aux déposants et aux épargnants, l'établissement de dépôt serait autorisé à exécuter, sur leur demande, des opérations sur les actions, les titres d'emprunt, les devises, les matières premières.

Les établissements de prêt — *sociétés de crédit*

au sens propre — seraient séparés pour de bon, d'un double point de vue juridique et capitalistique. Il serait interdit aux représentants des établissements de dépôt de siéger dans les conseils des établissements de prêt, et réciproquement. Ils pourraient octroyer des prêts à partir de leurs fonds propres, de ressources empruntées ainsi que par l'émission de monnaie nouvelle, comme les banques commerciales n'ont jamais cessé de le faire. Mes propositions se différencient donc de celles de Maurice Allais en la matière. Son système, purement cartésien, constitue un carcan trop rigide pour les établissements de prêt qui doivent pouvoir répondre aux demandes justifiées de crédit, dès lors que, sans expansion monétaire, la croissance potentielle de l'économie ne peut se concrétiser dans les faits. C'est tout l'art, au sens de l'art de l'artisan, du banquier de discerner les bonnes demandes et les bons emprunteurs. Sinon, il n'est plus qu'un robot dans la chaîne de la production du crédit.

Les établissements de prêt émettraient des cartes de crédit proprement dites. Aujourd'hui, les cartes bancaires permettent de tirer indifféremment sur des comptes créditeurs ou débiteurs avec l'accord de la banque. Deux types de cartes seraient désormais rendus disponibles : les cartes sur compte créditeur des établissements de dépôt et les cartes sur compte débiteur, dans la limite d'un crédit effectivement consenti par les établissements de prêt.

Mon lecteur s'étonnera peut-être de ne pas me voir envisager une séparation, au sein des établissements de crédit, entre les banques commerciales et les banques d'affaires. L'omission est délibérée. Les banques d'affaires traditionnelles ont disparu dans les faits pour laisser place à des archipels de fonds spéculatifs. C'est pourquoi la grande mesure à prendre en la matière consiste, ainsi que je l'ai proposé, à interdire les opérations spéculatives pour compte propre, soit directement au sein des établissements, soit indirectement par le biais de fonds spéculatifs placés sous leur tutelle. Cette mesure implique d'ailleurs que le crédit cesse de financer les opérations des fonds spéculatifs, afin que les risques pris par ces forçats du rendement ne viennent pas s'infiltrer dans les comptes des établissements de prêt.

Alors que tant de dirigeants économiques et financiers souhaitent poursuivre la fuite en avant vers toujours plus d'internationalisation, il convient, à la lumière de certains épisodes calamiteux que nous venons de vivre, de savoir séparer le bon grain de l'ivraie en la matière. Les banques européennes ont été piégées par leurs opérations sur le marché hypothécaire américain. Les banques autrichiennes et suisses ont prêté de façon imprudente aux banques hongroises, lancées dans un programme de financement à crédit de la consommation des ménages locaux. Les banques suédoises ont, elles aussi, connu des déboires du fait des concours qu'elles ont apportés aux ménages baltes. Dans le cas des banques autrichiennes et hongroises, les prêts consentis l'ont été dans le cadre d'opérations dites de *carry trade*. Le mécanisme repose sur un principe simple : emprunter, à partir de la Hongrie, des euros ou des francs suisses à très bas taux d'intérêt pour les convertir en forints prêtés aux ménages hongrois. On peut ainsi réduire sensiblement les taux exigés, mais on prend aussi, ce faisant, un risque énorme : il suffit, et c'est ce qui s'est produit, que la monnaie qui permet le prêt final se déprécie fortement par rapport à celle du prêt initial pour que les banques qui ont servi d'intermédiaire soient en perte sèche, même si leurs emprunteurs du bout de la chaîne remplissent toujours leurs engagements. On constatera au passage que le *carry trade* court-circuite la politique monétaire des banques centrales, en permettant de contourner les règles de refinancement qu'elles imposent à leurs banques commerciales.

L'abandon du *carry trade* semble donc s'imposer avec toute la nécessité d'une mesure prophylactique. Conjuguée avec l'interdiction faite aux établissements de dépôt de réaliser des opérations spéculatives pour leur propre compte, cette mesure contribuerait à une réduction massive des risques inutiles pris dans le cadre de l'internationalisation. Mais ces deux mesures si souhaitables n'épuisent pas le problème. En effet, tandis que certains pays, excédentaires, sont en situation d'épargne nette, leurs partenaires, déficitaires, sont en situation d'épargne négative. Il faut donc que les excédents des uns soient cédés aux autres, sous forme de dons, de prêts ou d'investissements en capital. On ne saurait empêcher l'épargne excédentaire de voyager vers les économies déficitaires. Un certain degré d'internationalisation des ressources en fonction des besoins doit être maintenu en tout état de cause.

Mais c'est ici qu'intervient la question posée par la titrisation. L'épargne excédentaire des Chinois et celle des Allemands se sont investies aux États-Unis dans le cadre de marchés titrisés. Pour qu'elles transitent d'un territoire à un autre, il suffit que les titres représentatifs de la dette hypothécaire américaine soient rachetés sur le marché international. L'internationalisation de l'activité bancaire se fait par l'implantation de filiales de banques sur de nombreux territoires mais aussi et surtout par des placements sur les marchés internationaux du crédit. Or, la titrisation, facteur d'opacité, démultiplie les risques. Cela vaut aussi bien pour ceux qui placent leur argent sur le marché local, celui de la zone euro par exemple, que pour ceux qui achètent des actifs d'origine étrangère. Doit-on aller jusqu'à procéder à son interdiction, ce qui priverait les prêteurs de la faculté de se désengager de certains compartiments du crédit pour aller vers d'autres, dans le cadre d'une stratégie évolutive ? Je ne le crois pas. On peut limiter et encadrer la titrisation de manière à responsabiliser les prêteurs. Et cela de deux manières.

S'impose en premier lieu la nécessité de fixer une proportion minimale de prêts que leurs émetteurs doivent conserver dans leurs comptes, pour chaque catégorie. Le montant que les banquiers encore honnêtes avancent en privé se situe dans une fourchette comprise entre le tiers et la moitié. Cela serait suffisant pour rétablir la responsabilité et la dignité de la fonction de prêteur. Mais cette première mesure pourrait être renforcée en deuxième lieu par une mesure de décote automatique de la valeur théorique des prêts cédés. Dans le jargon financier, cela s'appelle une «coupe de cheveux» *(haircut)*. À titre d'illustration, la Banque centrale européenne pratique une décote de 12 % sur le montant des titres qui lui sont cédés par les banques de la zone en contrepartie d'argent frais. Or, la décote a tout simplement pour effet de transformer le prêt en bien d'occasion. Son application, par les autorités chargées de la réglementation financière, renforcerait la contrainte prudentielle qui doit s'exercer sur les prêteurs.

Il faut encore suivre la demande de renforcement des liquidités formulée par Maurice Allais. Les établissements de prêt devraient conserver sous forme de réserve liquide, destinée à faire face à des pertes inopinées, une proportion déterminée du total de leur bilan. Ce ne serait pas une innovation. Les banques d'affaires américaines ont longtemps été assujetties à cette contrainte, jusqu'au 11 avril 2004, date à laquelle Henry Paulson, président de Goldman Sachs, dirigeant une délégation des firmes de Wall Street, a obtenu l'abrogation de la mesure prudentielle par Christopher Cox, président de l'autorité boursière américaine, la SEC. Ma proposition consiste à réintroduire cette mesure en la généralisant à l'ensemble de l'appareil de crédit.

Enfin, dernière mesure mais non la moindre, il importe de limiter l'exposition réciproque des banques les unes par rapport aux autres. L'effet château de cartes qui s'est manifesté en 2007 et 2008 procède de la titrisation et de l'interdépendance disproportionnée des banques du monde occidental. Le fait que le passif de la banque Bear Stearns, disparue en quelques heures, le 14 mars 2008, ait été repris par la banque centrale de Washington pour éviter la chute corrélative de J. P. Morgan illustre cet état de fait dangereux. En effet, les banques courent des risques en raison des prêts qu'elles ont consentis aux particuliers, aux entreprises, aux collectivités publiques ainsi qu'à d'autres prêteurs, mais aussi des emprunts qu'elles ont éventuellement contractés auprès de ces autres prêteurs. En toute logique, les engagements réciproques des banques ne devraient pas dépasser une fraction très minoritaire de leur actif et de leur passif. Il faut déterminer cette fraction et l'introduire dans la réglementation financière.

*

Mais sur quel territoire serait-il envisageable d'appliquer un tel dispositif? Le monde entier, le monde occidental, l'Union européenne, la nation? Comme je n'imagine pas les dirigeants chinois ou indiens, ni Barack Obama, ni le Premier ministre anglais présent ou futur retenir de telles propositions, en raison du nationalisme des uns et de l'étroite subordination des autres à leur corporation bancaire, comme les banques exerçant en France sont les ressortissantes de la Banque de Francfort, c'est le territoire de la zone euro qui paraît devoir être le siège de la nouvelle organisation. Or, nous sommes soumis au traité de Maastricht, fondé sur une vision doctrinaire de la monnaie et de la banque à peu près à l'opposé de tout ce qui vient d'être exposé et plaidé[5]. Ce traité s'inscrit dans la lignée de la révolution libérale dont Michel Guénaire réclame la fin[6]. Pour dissiper les illusions qu'il renferme et bâtir une autre banque, une révolution s'impose, dans les têtes des dirigeants politiques du Vieux Continent. Vaste programme.

Chapitre III

LE RÉTABLISSEMENT
OU LA RECHUTE ?

Dans le concert si peu harmonieux de l'information économique et financière du début de l'été 2010, une chose reste sûre : les populations occidentales se refusent, dans une proportion massive, à envisager une rechute de leurs économies. Elles s'y refusent en fonction d'une approche intuitive de la situation et de ses enjeux. Si nous devions connaître une récidive des séismes bancaires et industriels de 2008 et 2009, il n'y aurait plus rien d'autre à faire qu'à entériner la dépression et à assister, impuissants, au déploiement de son cortège innombrable de faillites et de chômeurs : ainsi raisonnent une infinité de personnes. C'est pourquoi, plutôt que se porter en avant pour discerner les trajectoires que pourraient emprunter les économies en Occident, les populations se sont installées dans un présent dont la fragilité ne leur échappe pas, mais qu'elles voudraient voir se prolonger, se prolonger encore, jusqu'au moment lumineux d'une nouvelle aurore économique. Leur dénégation soulage les dirigeants politiques, trop heureux d'écarter l'idée que nous puissions vivre une accélération périlleuse de l'Histoire, pour se consacrer à leurs échéances électorales.

On peut comprendre, sans la partager, cette attitude. Les populations occidentales ont vieilli, d'un double point de vue physique et mental. Le futur ne mobilise plus leurs espoirs, quand bien même il serait discernable dans ses lignes essentielles. Elles se soucient avant tout de sauvegarder le principal d'un mode de vie préservé jusqu'ici pour les quatre cinquièmes de leurs membres. Le débat sur les retraites en fournit la démonstration, ici et là en Europe. Les préférences idéologiques y occupent une place minime, en dépit des apparences. La droite et la gauche déploient des arguments inchangés à partir de la conviction commune que l'affaire pourra être traitée avec les moyens que fourniront encore, tant bien que mal, des économies restées à flot malgré les avaries de la crise.

Tout change si l'on sort de cette volonté de ne pas regarder au-delà des péripéties économiques, financières et sociales que les médias présentent d'ailleurs dans un désordre décourageant pour la compréhension des lecteurs les mieux disposés. L'exercice s'impose. Que va-t-il se passer, que pourrait-il se passer à partir d'aujourd'hui, en Europe occidentale et en Amérique du Nord comme, de manière différente, pour les grandes zones asiatiques, latines et africaines? En dépit de la complexité de la question, il semble possible d'avancer des hypothèses, à partir des éléments les plus pertinents dont nous disposons. Les années écoulées ont été instructives, hormis pour les membres de la conjuration des imbéciles dont les chants accompagnent la « mondialisation heureuse ».

LA SPIRALE VICIEUSE
DES DETTES PRIVÉES ET PUBLIQUES

Qui prendra quelque recul par rapport au flux de l'information quotidienne discernera sans peine les grandes phases de la séquence couvrant la fin de la décennie écoulée.

Tout part, d'un strict point de vue matériel, d'une crise de la dette des particuliers, sans précédent depuis 1945, dont l'épicentre se situe aux États-Unis. Le fait que les risques les plus lourds se manifestent, depuis le printemps, sur les dettes publiques dans les économies européennes les plus fragiles occulte, sans le faire disparaître, cet autre fait, déterminant au départ, et toujours déterminant aujourd'hui, d'un endettement des ménages occidentaux dont les autorités monétaires et politiques ont négligé l'importance. Il est vrai, et c'est la circonstance atténuante qu'elles pourraient invoquer, que cette question de la dette des ménages constitue *le* point aveugle de la réflexion économique depuis le début des Trente Glorieuses. En s'endettant, les ménages européens et américains ont, entre 1948 et 1973, apporté une contribution décisive à la prospérité d'après guerre. En s'endettant encore, dans la décennie 1980, après la fin de la grande prospérité, ils ont soutenu des économies dont le dynamisme intrinsèque s'était affaibli. En s'endettant encore plus, après l'entrée en concurrence de l'Occident avec une Asie émergente laborieuse et ambitieuse, ils ont empêché que la stagnation salariale observée dans la plupart des pays industrialisés provoque l'arrivée d'une récession majeure, voire d'une dépression.

Ici surgissent deux difficultés de compréhension. Pourquoi, d'abord, ce qui avait donné des résultats si heureux durant tant d'années, au point de rejeter dans un passé révolu les crises douloureuses du capitalisme jusqu'à l'épisode paroxystique de la Grande Dépression, s'est-il transformé en facteur crucial de la «grande récession», ainsi nommée par nos amis américains pour définir le recul de 2008-2009? Comment, ensuite, le processus d'endettement a-t-il pu progresser sans rencontrer d'obstacles jusqu'au basculement brutal qui a précipité la crise financière puis la récession?

Deux questions pour une seule réponse. Le pourquoi et le comment trouvent l'un et l'autre une explication dans la forme même du crédit qui est au centre de notre affaire, le crédit *hypothécaire*. Quel est le point commun, en effet, de tous ces pays, si différents, qui ont été affectés ou ravagés par une crise liée à l'excès des dettes contractées par leurs ménages, les États-Unis, l'Australie, le Royaume-Uni, l'Espagne, voire la Hongrie? La déréglementation financière, le laxisme des banques centrales, la cupidité des opérateurs financiers? Tout cela a joué, à certains degrés et dans certains pays, mais la seule explication qui vaut pour tous réside dans l'existence d'un marché hypothécaire développé. Preuve *a contrario* : la France et l'Italie, qui ont conservé des taux d'endettement de leurs ménages deux à trois fois moindres que les pays précités, ne disposaient pas d'un tel marché.

Le mécanisme de recours à une hypothèque comme gage réel des emprunts représente infiniment plus qu'une technique commode de garantie des sommes prêtées car il bouleverse le cadre logique d'attribution, d'évaluation et de détention des crédits accordés. Dès lors que le prêt est assorti d'une garantie réelle sous la forme d'une hypothèque prise sur un logement ancien ou neuf, la nécessité de veiller à la solvabilité du prêteur cesse de s'imposer. Le risque mesuré cède la place à un pari que l'on prend sur la faculté que l'on aura, en cas de défaillance du débiteur, de faire jouer l'hypothèque et de saisir le bien pour le revendre à des conditions acceptables. Simultanément, les prêteurs réduisent ou suppriment les coûts qui découlaient du suivi des emprunteurs. Enfin, les prêts hypothécaires forment une base idéale pour la titrisation, opération par laquelle les prêteurs initiaux peuvent se défausser du risque d'insolvabilité en revendant leurs prêts, découpés au préalable en autant d'obligations représentatives, sur un vaste marché international du crédit où interviennent chaque jour des centaines de banques et de fonds de placement. Le recours à l'hypothèque libère le crédit de ses entraves, il en élargit les montants et en fait un instrument universel pour les opérateurs bancaires et financiers.

Enfin, les prêts assortis d'hypothèques, titrisés

et négociés sans cesse sur les marchés du crédit, tout comme les actions cotées ou les emprunts d'État, se transforment en *actifs* dont la valeur est appréciée au jour le jour par les acheteurs. Quel est alors le critère déterminant pour la fixation de cette valeur ? Celui de la garantie sous-jacente fournie par l'hypothèque. Or, c'est la chose du monde la plus aisée à comprendre, la valeur nominale de l'hypothèque évolue en parallèle avec le prix du mètre carré ou le prix du pied carré sur les marchés immobiliers correspondants. Cette valeur n'a cessé, tout au long de la période d'euphorie immobilière, en Californie ou en Floride, en Espagne ou au Royaume-Uni[1], de s'élever, ce qui renforçait la confiance des détenteurs d'un crédit qui apparaissait de plus en plus sûr, lors même que les débiteurs, tout spécialement ceux entrés les plus récemment sur le marché, devenaient de plus en plus fragiles. Le crédit appuyé sur des hypothèques suit une trajectoire circulaire : il se développe avec aisance, contribue à la prospérité des marchés immobiliers du neuf comme de l'ancien, concourt à la hausse continue des prix, valorise par ce biais les hypothèques et les titres qui le représentent. Le dénouement s'opère lorsque les défauts de paiement se manifestent à grande échelle, comme aux États-Unis durant l'automne de 2006.

Nous ne ferons pas l'injure aux bons esprits de donner à nouveau l'histoire, même brève, de la crise bancaire et financière occidentale. Il nous importe de souligner à présent les deux points qui éclairent au mieux la fragilité de l'ensemble formé par les économies occidentales.

Le premier est celui de la contagion. Le développement du crédit hypothécaire et sa propagation sur les marchés du crédit ont créé une pandémie financière, que l'on pourrait appeler la pandémie du *mortgage*. Cela a fait que les titres de crédit concernés, et les produits dérivés à partir de ce crédit, se sont répandus dans les comptes d'un grand nombre de banques et de fonds de placement, y compris dans les pays ignorant les pratiques débridées du crédit fondé sur l'hypothèque, mais dont les banques ont voulu profiter indirectement en se portant acquéreuses des titres américains, australiens, anglais ou espagnols. Ainsi s'expliquent les faillites ou les pertes d'Hyporeal Estate en Allemagne, de la banque franco-belge Dexia, du Crédit Agricole et de Natixis. Les excès et les dévoiements des pays à l'origine de la crise ont ébranlé presque tout le système bancaire occidental, avec d'heureuses exceptions comme celles du Canada et de l'Italie.

Le deuxième est celui de la récession qui s'est ensuivie. C'est une récession *industrielle*. Dix-sept millions d'emplois ont ainsi été détruits dans l'ensemble des pays de l'OCDE, en l'espace de deux années, dont dix millions d'emplois dans les secteurs manufacturiers. Si l'on ajoute les emplois supprimés dans les entreprises de services qui fournissent à l'industrie, on peut estimer à treize ou quatorze millions le nombre des postes de travail perdus du fait de la chute industrielle. Au vu de ces montants, on serait en droit de réclamer

Le rétablissement ou la rechute ? 83

aux Pangloss experts de la société post-industrielle de reprendre leurs leçons à partir d'un énoncé nouveau : une fois que l'industrie aura disparu pour de bon de nos territoires, comment ferons-nous, d'une part, pour payer nos importations d'énergie et de produits manufacturés et, d'autre part, pour organiser notre vie collective, couvrir nos dépenses sociales, payer les professeurs et les policiers ?

Ce propos incident donne le lien avec la deuxième phase de la séquence. La crise bancaire et, plus encore, la récession industrielle ont dévasté les comptes publics en Occident.

Beaucoup ont souligné l'importance des concours que certains États, comme les États-Unis, le Royaume-Uni, l'Irlande, ont dû accorder à leurs banques, sous une forme ou sous une autre, pour empêcher l'arrêt du système de crédit (800 milliards de dollars aux États-Unis, 117 milliards de livres sterling au Royaume-Uni). L'impact de cette contribution financière de secours a grevé d'autant les comptes publics. Mais la faillite bancaire a inégalement joué. Ainsi, le Trésor public français a très peu contribué au maintien de la solvabilité de nos banques, qui ont simplement comptabilisé dans leurs comptes propres un certain montant de pertes et de provisions. Mais tous nos lecteurs ne le savent peut-être pas. Lorsque le Trésor américain prend en charge AIG, le grand assureur, quand le Trésor anglais permet le maintien de Northern Rock, de Royal Bank of Scotland, de Lloyds TSB, les banques ou compagnies d'assurances exposées sur les marchés américains ou anglais bénéficient de *versements directs* sur leurs comptes par des États qui viennent en substituts de leurs opérateurs financiers en faillite. BNP Paribas, la Société Générale ou la Deutsche Bank ont reçu, à un moment critique, des sommes considérables puisées dans le tiroir-caisse de l'oncle Sam ou de John Bull!

Bien plus lourd, cependant, a été l'impact de la récession sur les comptes des grands États occidentaux. Toutes les recettes fiscales essentielles ou importantes ont fortement reculé: TVA ou taxes sur la consommation américaine, impôt sur les sociétés (le plus sensible aux variations conjoncturelles), impôt sur le revenu (du fait des entrées au chômage), taxe sur les carburants, taxes sur les plus-values immobilières. L'expérience nous l'enseigne. Autant les dépenses sont «visqueuses», difficiles à comprimer, autant les recettes peuvent être rendues volatiles par les tribulations de l'économie. Et, puisque le sujet a été inscrit à l'ordre du jour national au printemps de 2010, nous nous saisirons de l'exemple du financement des retraites. Nos différents régimes de financement de la vieillesse devraient afficher un déficit total de 32 milliards d'euros en 2010. Le facteur principal de cette impasse financière sans précédent ne réside pas dans la pression démographique, facteur structurel mesurable et mesuré, mais dans la perte de plus de 600 000 cotisants, rejetés vers l'assurance chômage entre avril 2008 et juin 2010. C'est pourquoi la réforme des retraites proposée par le gouvernement devrait rester sans effet. Le nouveau bricolage du système constitue plus une opération de communication qu'un recalage structurel. À défaut d'une reprise importante et durable de l'activité et de l'emploi, que personne ne voit venir, le seul remède, de cheval, consisterait à passer à un régime «à cotisations définies» où l'on ne sert que ce que l'on a en caisse, après déduction des frais de gestion. Mais appliquer ce remède reviendrait à avouer que l'on a perdu l'espoir d'un retour à l'essor économique.

La «grande récession», issue de la crise de la dette privée des ménages occidentaux, a porté dans ses flancs la crise des dettes publiques. Centrée de façon voyante sur quelques dettes publiques européennes, elle affecte subrepticement tous les grands pays occidentaux. Seuls, sans doute, le Canada et les pays scandinaves, pour différentes raisons, peuvent espérer échapper à la suspicion des souscripteurs habituels de cette dette. La surpuissante Allemagne ne saurait échapper à la faillite de ses voisins européens, les États-Unis connaissent le pire état de leurs finances publiques à l'échelon de l'État fédéral comme des États fédérés, dont quarante-six sont officiellement en difficulté financière. Il existe une articulation mécanique, représentée par la production et l'emploi, entre la dette privée, dont le sinistre a provoqué la crise financière, et la dette publique, devenue suspecte en quelques mois, lorsque les souscripteurs et les agences de notation ont pris conscience avec retard de sa fragilité structurelle. Alors, ou bien la production et l'emploi renouent avec l'expansion, et un rétablissement des finances publiques deviendra plausible, en conjuguant le redressement des recettes fiscales et la réduction méthodique des dépenses improductives — il en existe ! —, ou bien ils stagnent ou s'affaiblissent encore, et les États occidentaux devront admettre qu'ils ne peuvent honorer l'intégralité de leur dette.

Deux ultimes observations pour clôturer la description de la séquence. En premier lieu, certains des pays les plus exposés à une dégradation de leur dette se présentaient il y a peu comme des emprunteurs particulièrement sûrs. L'Irlande et l'Espagne affichaient des excédents budgétaires en 2007, et leurs dettes publiques les faisaient figurer parmi les premiers de la «classe» européenne, pour employer le jargon du *benchmarking* (respectivement 25 % et 40 % du PIB concerné). Ces deux pays avouent, pour 2009, des soldes budgétaires négatifs supérieurs à 14 % et 11 % du PIB. Le crédit de l'Espagne, crucial pour le sort de la zone euro, est la cible de tous les regards. En second lieu, une partie essentielle de cette dette publique litigieuse se trouve dans les comptes des banques qui n'ont cessé de l'acheter, après la déclaration du séisme en 2008, sans prendre en considération la fragilisation des comptes publics sous l'effet de la récession. Les banques ont acheté la dette publique en s'appuyant sur la ressource la plus commode et la meilleur marché, l'argent qu'elle se procuraient aux guichets de la Banque centrale, en quantité discrétionnaire et à un prix quasi nul. La boucle est ainsi bouclée : commençant avec les défauts de paiement des ménages, se poursuivant avec la grande récession industrielle et l'affaiblissement financier des États, le processus de crise atteint maintenant une nouvelle phase critique représentée par la faillite virtuelle des banques doublement exposées sur les marchés de la dette privée et de la dette publique.

POURQUOI LE RÉTABLISSEMENT N'AURA PAS LIEU

Après l'occultation constante du rôle de la dette privée dans le processus, la négligence vis-à-vis des déséquilibres entre grands pays fournit le deuxième sujet de surprise. Les excédents et les déficits structurels se sont aggravés. L'un des plus lucides des observateurs de l'expérience de ces trente dernières années, Stephen Roach, économiste chez Morgan Stanley, a analysé ce point étrange dans un article publié dans le *Financial Times* du 6 octobre 2009 sous le titre éclairant : « An Unbalanced World is again Compounding its Imbalances » (Un monde déséquilibré se satisfait encore de ses déséquilibres). Malgré le recul de la consommation et de l'investissement dans les pays occidentaux les plus affectés par la récession, les déficits extérieurs les plus notables, tels ceux des États-Unis, du Royaume-Uni et, désormais, de la France, n'ont que peu diminué ou se sont accentués. Les excédents massifs du Japon, de l'Allemagne de la Chine se sont maintenus ou se sont accrus.

Les déséquilibres extérieurs s'articulent sur des *disproportions* intérieures. Les États-Unis, l'Allemagne et la Chine présentent des anomalies massives dans la répartition des différents facteurs de la demande : consommation, investissement et exportations. Les États-Unis sont restés de grands consommateurs au plus fort de la crise. En dépit de la suppression de plus de huit millions d'emplois et de la disparition des revenus qui leur étaient liés, en dépit du fait que les ménages ont commencé à réduire leurs dettes, la consommation s'est maintenue près de ses sommets antérieurs avec le secours des incitations fiscales prodiguées par l'État fédéral. La part de la consommation dans le PIB demeure aux alentours de 70 %, proportion supérieure de plusieurs points à la normale pour un pays développé, qui est estimée entre 60 et 65 %. L'Allemagne offre l'exemple inverse d'un pays excédentaire, en situation d'épargne nette vis-à-vis des partenaires européens et du reste du monde, qui s'ingénie à réduire sa consommation et à doper ses exportations. La consommation globale des ménages allemands tend à se contracter d'année en année quand on défalque les dépenses de santé. La force, incontestable, des exportations allemandes suscite les commentaires extasiés de nombreux journalistes économiques, qui nous montrent le modèle allemand comme si toute l'Europe pouvait germaniser ses économies, et comme si tous les pays pouvaient accumuler des excédents, alors que les excédents des uns ont pour contrepartie mathématique les déficits des autres. Mais ils omettent surtout la faiblesse inouïe de la consommation qui, en déprimant les importations, gonfle l'excédent extérieur.

En contrepoint de cette faiblesse, la part des exportations a suivi une trajectoire ascendante depuis vingt ans : située à 26 % du PIB en 1991, elle a atteint en 2007 un pic avec le chiffre, invraisemblable mais vrai, de 48 %, pour reculer à 40 % sous l'effet de la contraction des échanges mondiaux entre 2008 et 2009, mais elle a repris depuis son mouvement ascensionnel. La Chine présente enfin le cas d'espèce le plus lourd de conséquences pour l'équilibre et la prospérité du reste du monde. Alors que les médias insistent désormais sur l'apparition d'un nouveau modèle chinois, recentré sur la consommation, les comptes nationaux de ce pays n'en montrent pas encore les manifestations statistiques. Entre 2000 et 2008, la part de la consommation dans le PIB a reculé de 46 % à 35 %, et son développement récent s'appuie d'abord sur le crédit automobile. L'investissement total, représenté par l'équipement des entreprises, les infrastructures et la construction pour les ménages, dépasse aujourd'hui le taux de 45 %, on ne peut plus surprenant au terme d'une période de décollage qui a permis au pays d'effacer l'essentiel de ses retards. Le plan de relance chinois a concouru à ce nouveau bond en avant de l'investissement. Quant aux exportations, elles s'élèvent à un rythme annuel moyen de 40 %, presque quadruple du rythme du PIB, encore situé au-dessus de 10 %.

La physionomie extravagante présentée par les

économies allemande et chinoise devrait nous pousser à reconnaître que ces deux pays sont à la source d'une *pression déflationniste* sur la demande s'exerçant principalement sur l'Europe, s'agissant de l'Allemagne, et sur l'ensemble du monde anciennement industrialisé, s'agissant de la Chine. À la vérité, cette pression déflationniste s'exerçait bien avant le choc de la fin de la décennie. Mais elle s'accentue, avec la bénédiction des dirigeants économiques et politiques, durant la période critique qui a commencé à l'automne de 2008. Au surplus, le rééquilibrage des échanges et la correction des anomalies dénoncées ci-dessus ne figurent pas à l'ordre du jour du G 20 qui entame chacune de ses réunions, la chose est devenue en soi un sujet de divertissement, par un acte de foi préalable dans les vertus du libre-échange et une mise en garde solennelle contre le péril protectionniste. Or, cette pression déflationniste, en faisant obstacle à une reprise équitablement répartie, interdit la résorption des dettes privées et publiques qui pèsent sur la solvabilité des ménages et des États, voire des entreprises. Voilà le premier obstacle dirimant au rétablissement des économies occidentales.

Nous avons insisté sur l'ampleur des destructions d'emplois productifs en Occident. Ces destructions, synonymes de pertes de revenus et de pertes de recettes fiscales, créent un climat de pessimisme nouveau. Tandis que les populations se refusent à imaginer le pire, leurs membres adoptent en nombre croissant, conformément à leurs conjectures économiques personnelles, une attitude de prudence devant la perspective de nouvelles dépenses. Se conjuguent donc le facteur mécanique de la destruction des emplois et des revenus et le facteur psychologique représenté par l'altération de la confiance. Les indices de confiance des ménages sont inférieurs à la moyenne historique dans tous les grands pays occidentaux sans exception, celui des Américains a commencé à rechuter vers son plancher historique enregistré durant l'hiver de 2009.

Toutefois, c'est un autre paramètre qui nous incite à diagnostiquer l'impossibilité du rétablissement. La « grande récession », récession industrielle pour l'essentiel, a vu une nouvelle réduction des taux d'investissement productif des entreprises sur les territoires des pays occidentaux. Cette réduction s'est effectuée à partir de niveaux objectivement bas. Malgré l'appoint représenté par l'inclusion comptable des dépenses de logiciels, le taux d'investissement productif des entreprises est passé discrètement au-dessous du seuil, variable selon les pays, mais jamais inférieur à 12 %, qui forme le socle d'une croissance durable. La dépense économique d'avenir par excellence qu'est l'investissement est retombée à un trop bas niveau pour enclencher un processus de vraie reprise.

Car aucun des trois paramètres à prendre en considération, si l'on veut évaluer les chances d'un redressement du taux d'investissement au-dessus du seuil critique, ne permet de former l'hypothèse de ce redressement. Les perspectives de la demande, premier paramètre, sont assombries en Occident par différents facteurs qui combinent leurs effets négatifs : faiblesse démographique, endettement des particuliers, impécuniosité des États, chute de la confiance. La demande nouvelle prend de plus en plus sa source dans les pays émergents. Comme le mieux est encore, pour les entreprises occidentales, d'investir sur place pour satisfaire les clients locaux, le gain à espérer pour les exportations à partir de nos territoires reste limité à certaines productions, telles que l'équipement des entreprises, les matériels de transport, les centrales thermiques ou nucléaires. La situation financière des entreprises, deuxième paramètre, varie fortement d'un pays à l'autre : excellente aux États-Unis, mauvaise en Espagne, médiocre en France. Mais elle a perdu son caractère décisif en raison même de ce qui a été avancé ci-dessus. Tandis que les pays émergents efficaces, désormais nombreux, ont conservé leur avantage comparatif en termes de prix du travail et de la matière grise, leur croissance suscite une demande locale qui, bien qu'insuffisante dans l'absolu, ainsi que le montre le mauvais exemple chinois, attire de plus en plus les entreprises occidentales. Le basculement de 2008-2009 a introduit cet autre élément nouveau : les directions d'entreprise ont donné la priorité aux pays émergents, toutes conditions égales par ailleurs. Les entreprises occidentales, grandes ou moyennes, créent ailleurs qu'en Occident les nouvelles capacités. Le troisième paramètre nous renvoie à la situation de nos banques. Alors que la majorité des mauvaises créances issues des excès de la décennie n'a pas été effacée de leurs comptes, de nouvelles créances à risques s'y sont accumulées sous la forme des titres d'emprunt public dont la valeur est minée par la défiance des marchés du crédit. Au mieux, le montant des crédits à l'économie se maintiendra ; au pis, il se contractera sous l'effet de la réticence croissante des banquiers. Toutes ces considérations portent à estimer que les grandes économies occidentales, faute d'un taux d'investissement suffisant, ne pourront reprendre le chemin de l'essor.

*

Les hypothèses les plus vraisemblables restent celles d'une rémission ou d'une rechute.

La rémission doit s'entendre comme le retour à une croissance modeste, accompagnée d'une stabilité temporaire de l'emploi et d'une amélioration résiduelle des comptes publics. Elle implique une consolidation des comptes des banques. Sa plausibilité se renforcerait si les monnaies occidentales entamaient un processus de dépréciation graduelle vis-à-vis des monnaies des nouveaux pays émergents d'Asie qui corrigerait partiellement les écarts de compétitivité structurels liés au coût du travail sous toutes ses formes.

La rechute surviendra en cas de récidive de la crise des dettes privées et publiques, des deux côtés de l'Atlantique, qui mettrait l'euro en péril et précipiterait de nouvelles faillites bancaires. Nous n'échapperions pas, alors, à l'installation d'une dépression historique. Nos dirigeants ne se sont pas préparés à cette éventualité, ni d'un point de vue intellectuel ni d'un strict point de vue politique. Or, on ne fait pas face à la dépression avec les recettes de la communication ordinaire.

Chapitre IV

DE L'EURO BOUCLIER
À L'EURO EN DÉTRESSE

Où en sommes-nous vraiment et où allons-nous vraiment ? L'actualité renouvelée mais toujours brûlante de la crise ouverte officiellement à la rentrée 2008 impose au pauvre commentateur de reprendre sa copie, année après année, même s'il sait ou pressent, avec beaucoup de profanes, que d'autres surprises et d'autres angoisses nous attendent dans les mois à venir, qu'il est exposé ainsi à devoir se remettre encore à l'établi, après chaque ouvrage.

Mais ce commentateur doit aussi composer avec le phénomène désarmant qui s'est emparé de la politique française depuis la désignation du Président en exercice, dont la première infortune est d'avoir accédé à la plus haute magistrature alors même — il était le premier à l'ignorer — qu'un séisme majeur menaçait souterrainement les économies occidentales. Jamais depuis la fin du second conflit mondial les questions de fond n'ont été aussi manifestes, jamais leur traitement n'a paru moins évident au terme d'une période où la réflexion économique s'est laissé absorber par le discours de l'autorégulation, négateur non seulement des perspectives de l'action économique, mais aussi de l'interrogation incessante qu'appellent tant les lacunes subsistantes de la théorie économique que l'interprétation des faits. Or, jamais le débat public, ou ce qui en tient lieu, ne s'est autant focalisé sur la question des personnes prétendant aux hautes fonctions politiques de notre République. Un subjectivisme forcené a répondu à l'objectivité de faits massifs, qui se cristallisent pour donner une formation inouïe dans l'histoire récente de la France, de l'Europe et au-delà. Le double système constitué par la sphère politique et la sphère médiatique est saisi par la débauche. Sous prétexte de suivre les grands rendez-vous fixés sur l'agenda politique, il se vautre, jusqu'à communiquer un sentiment de nausée, dans la mise en scène des personnages, en majorité ignorants du mouvement des choses, qui aspirent à exercer la fonction gouvernementale ou à mimer son exercice.

Il nous faut faire comme si la participation à un débat économique qui est devenu, qu'on le veuille ou non, pleinement politique pouvait avoir une résonance heureuse dans les têtes de nos élites, comme si elle servait de jalon inaugural à une réorientation résolue des choix, après une confrontation en règle avec des faits devant lesquels l'intelligence n'a plus le droit de se dérober. Qui ne voit les limites périlleuses de cette expérience en dehors du cercle enchanté des fanatiques de la mondialisation régulée par les traders et les agences de notation ? Qui ne voit la défaillance intellectuelle des dignitaires de Washington, de Bruxelles et de Francfort qui a tant favorisé la faillite des économies ? Le système susceptible de sécréter cette « adaptation à l'imprévisible », tenue pour essentielle par Friedrich Hayek dans son plaidoyer argumenté pour « un ordre spontané » transcendant les impasses du socialisme, fait eau de toutes parts[1]. Le double échelon constitué par les marchés financiers et les instances de supervision et de régulation *ad hoc*, issu de ces trente dernières années (« les trente ténébreuses ? »), est débordé par des événements qu'il affecte cependant, contre l'évidence, de comprendre et de pouvoir maîtriser.

Les États européens affrontent le spectre de la cessation de paiements qui, apparu à la périphérie, s'apprête à gagner le centre. La Banque centrale de Francfort ne sait sur quel pied danser, entre la nécessité de reprendre dans ses comptes une fraction des dettes consenties par des économies insolvables, contraire au traité fondateur comme à ses statuts, et l'affichage, pour donner le change, d'une volonté de maîtriser l'inflation, rappelant le motif premier du passage à la monnaie unique. Aux États-Unis, l'administration et la Banque centrale restent en butte à un chômage de masse, faute de pouvoir recréer les millions d'emplois disparus durant la « grande récession », malgré les stimulants massifs budgétaires et monétaires en vigueur depuis treize trimestres. Des deux côtés de l'Atlantique, les banques, et leurs traders, chevilles ouvrières, si l'on ose dire, de l'expérience néo-libérale, providentiellement sauvées par une infusion de monnaie massive à partir des guichets des banques centrales, tablent désormais sur une autre providence, celle figurée par les pays émergents en expansion, qui donnerait aux économies occidentales le délai requis pour panser les plaies de la crise.

Il y a un an de cela, nous avons analysé la crise des dettes publiques européennes, ouverte en Grèce durant l'hiver 2010, comme un dommage collatéral massif infligé par la crise de la dette privée américaine de 2007 et 2008, venu ajouter ses effets destructeurs sur l'activité, l'emploi et les recettes publiques, à ceux nés de la surexposition de l'Europe à la concurrence asiatique et à l'impéritie de certains gouvernements. Nous avons aujourd'hui à tenter une analyse plus fine et plus circonstanciée permettant de comprendre pourquoi la politique économique et monétaire européenne est en situation d'échec. Nous avons aussi le devoir de paramétrer les causes et les responsabilités spécifiques pour chacun des pays européens déjà victimes de la crise de défiance. Nous devons, enfin, une réponse au fait que la mobilisation spectaculaire des dirigeants politiques a échoué à briser cette défiance qui mine les marchés du crédit et la fortune des États qui dépend de la bienveillance de ces marchés. Nous avons aussi à démêler l'écheveau des intérêts et des responsabilités des acteurs privés et publics de cet épisode historique, à l'échelon européen, à dire pourquoi ces acteurs, en position de connivence objective, par leur concours organisé et opiniâtre à l'expérience inaugurée quelque trente ans auparavant, en sont aujourd'hui à tenter de se défausser les uns sur les autres de la responsabilité financière ultime qui permettrait de solder les dettes non remboursables.

L'ÉCHEC DE LA POLITIQUE ÉCONOMIQUE ET MONÉTAIRE EN ZONE EURO

En quelques jours à peine, le slogan officiel applicable à la monnaie unique s'est inversé. «L'euro nous protège», disaient les élites françaises au plus fort de la crise économique et financière, situé à cheval sur l'automne 2008 et l'hiver 2009; «il nous a protégés du pire», nous indiquaient encore ces mêmes élites après l'amélioration du climat économique et financier intervenu à partir du printemps 2009. Or, voici qu'après le déclenchement de la crise grecque, qui touche un pays représentant quelque 3 % du PIB de la zone monétaire, un ordre de mobilisation est tombé des hauteurs: «Il faut sauver l'euro», assurer la sauvegarde d'un instrument auquel avait été assigné le rôle de bouclier. C'était le thème central des vœux à la nation adressés par le président de la République le 31 décembre dernier.

Cette inversion de la propagande témoigne à l'évidence du désarroi et de la peur secrète des élites en butte à ce qui, de leur point de vue, restait inimaginable. Elle trahit leur méconnaissance de l'histoire économique jonchée des cadavres de nombreuses unions monétaires. Les unions monétaires américaine et allemande, réussies, ont été la double expression d'un processus d'unification et d'intégration nationales, assorti d'une politique commerciale résolument protectionniste. L'union monétaire européenne a été lancée dans un espace non national, dénué de véritable État démocratique et délibérément exposé à une concurrence mondiale décidée presque simultanément : le traité de Maastricht conclu le 11 décembre 1991 a précédé de deux ans la conclusion des accords de Genève de décembre 1993 ouvrant la marche au libre-échange mondial et à la création de l'OMC. Notre union monétaire s'inscrit en antithèse des deux expériences allemande et américaine. L'inculture historique de nos élites, voici sans doute l'explication première de l'aventure de l'euro qui débouche sur une impasse. Elles auraient été, sinon, conduites à s'interroger : « Faut-il prendre le pari de la mondialisation commerciale ou celui de l'unification monétaire, paris exclusifs l'un de l'autre ? »

Lorsque l'euro est officiellement introduit sur le marché des devises en 1999, l'Europe connaît donc sa dernière « Belle Époque » économique. Toutes les économies constitutives bénéficient d'une bonne ou forte croissance, assortie d'une expansion de l'emploi privé sans précédent depuis la fin des « Trente Glorieuses » : le secteur privé français crée un million deux cent mille emplois supplémentaires entre la fin 1996 et la fin 2000. Un cercle vertueux est à l'œuvre qui réduit le chômage de masse et consolide les recettes fiscales.

Les conjoncturistes le savent. L'embellie de quatre ans, entre les années 1997 et 2000 incluses, s'est appuyée sur trois facteurs déterminants : le retour à des conditions de crédit acceptables au cœur de la zone mark, après l'épisode meurtrier de guerre à l'inflation de la Bundesbank entre 1991 et 1996 ; la montée du dollar sur le marché des changes, à partir de septembre 1996, qui effaçait la surévaluation monétaire de l'Europe occidentale ; la force de la demande intérieure chez nos amis américains, forts importateurs de produits asiatiques mais aussi européens. Les deux derniers facteurs avaient déjà favorisé la période d'expansion européenne entre 1987 et 1990, ils ont de nouveau joué, avec plus de force encore, dix années plus tard. Par ailleurs, la concurrence des pays asiatiques à bas coût, tels que la Chine, était encore à venir. Les faits plaidaient opportunément en faveur du projet européen.

Il convient d'insister à ce stade sur le premier élément décisif de la crise à venir. Les économies européennes emportées par la croissance restaient largement hétérogènes[2]. Les dirigeants du Vieux Continent auraient pu nourrir dès le départ quelques craintes sur l'avenir d'un euro représentatif d'économies si dissemblables. Leur pari a reposé au contraire sur le postulat, aujourd'hui infirmé, que la monnaie unique serait le vecteur d'une intégration renforcée tendant à réduire les écarts de capacité. Mais, c'est là un point essentiel, le fait que l'euro a bénéficié au début d'une parité favorable, voire très favorable — un point bas de 0,82 dollar a été atteint courant 2001 —, a annihilé les effets dommageables de l'hétérogénéité déjà acquise. Cette parité convenait à tous, forts et faibles, dans la zone. Dans ce contexte, même le ralentissement ultérieur des grandes économies de la zone, Espagne exceptée, n'a pas porté préjudice à l'expérience.

La décennie du début du siècle a bouleversé les données. Tout ce qui était au pôle positif est passé au pôle négatif. La demande américaine, de nouveau croissante à partir de 2002, grâce au dopage monétaire de la Réserve fédérale et à la réduction massive des impôts fédéraux, s'est portée de plus en plus sur les produits asiatiques. L'euro s'est hissé d'une parité favorable à une parité excessive, non seulement vis-à-vis du dollar — le point haut de 1,60 dollar a été touché courant 2009 — mais aussi vis-à-vis des grands concurrents émergents, désormais mieux éduqués, mieux organisés, amoureux de surcroît de l'industrie, au contraire de certains pays européens comme le Royaume-Uni et la France. Rappelons pour la bonne forme la condescendance irresponsable affichée à l'encontre de l'industrie par les économistes les plus en vue et les plus écoutés dans les médias et par les politiques[3].

Pendant le même temps, aux divergences de compétitivité et de structure déjà acquises au sein de la zone se sont ajoutés les effets de deux nouvelles divergences que n'ont même pas regardées nos grands magistrats économiques de Bruxelles et de Francfort. *Les pays les plus forts, tels que l'Allemagne, ont réduit leurs coûts du travail, tandis que les plus faibles, Grèce, Portugal, Espagne, voire*

Italie, les ont augmentés, de même que la France, quoique à un moindre degré. Les salaires ont stagné ou régressé là où la productivité s'améliorait, ils ont progressé là où la productivité stagnait ou avançait à petits pas. Les statisticiens ont enregistré ces divergences sous la forme d'écarts entre les « coûts unitaires du travail », notion qui corrige l'évolution nominale des salaires par les gains de productivité du travail : entre 2001 et 2008, le coût unitaire du travail allemand a regressé de 7 %, tandis que le français progressait de 7 % et que les pays dits « périphériques » voyaient croître le leur d'un pourcentage double du français[4]. Mais si les écarts de compétitivité se sont creusés au sein de la zone, les évolutions de la demande intérieure ont également divergé — c'est la deuxième divergence passablement corrélative de la première. L'Allemagne a cessé de consommer — hors dépenses de santé, la consommation s'est repliée outre-Rhin entre 2000 et 2009 —, tandis que l'Espagne, le Portugal et la Grèce connaissaient enfin les délices de la société de consommation de masse et que la France suivait son bonhomme de chemin — avec une croissance de 21 % de notre consommation sur la période 2000-2009.

Le paysage économique européen apparaît encore plus contrasté si l'on évoque les évolutions du crédit aux ménages. Les pays dits périphériques ont, à l'exception notable de l'Italie, appuyé leur prospérité, avant le grand séisme de 2008, sur une politique d'endettement délibéré qui n'a pas fait sourciller les membres du conseil de politique monétaire de Francfort, pourtant mieux placés que quiconque pour en apprécier les périls éventuels. La France s'est singularisée, en restant à un niveau d'endettement des ménages modéré — la moitié du PIB chez nous, le montant du PIB en Espagne. Mais voilà encore un sujet d'interrogation majeur. Comment se fait-il que la politique monétaire unifiée conduite depuis Francfort n'ait pas permis une évolution mesurée et cohérente des dettes privées au sein de la zone ? Nous sommes ici en butte à des réalités qui expriment le caractère toujours profondément national des acteurs économiques, incompréhensible pour tant d'esprits : prenons-en acte pour notre propre gouverne. Nous discernons en même temps ce vecteur de crise, déjà déterminant dans le krach du marché hypothécaire américain de 2007 et 2008, qui était à l'œuvre aussi en Europe : la *titrisation*.

Ne craignons pas de ressasser l'importance cruciale de cette pratique financière évoquée dès 1988 et incriminée par moi-même il y a trois ans[5]. Elle repose sur un procédé consistant à découper en morceaux des prêts accordés à des entreprises ou à des particuliers, qui ne disposent pas d'un accès direct au marché du crédit, pour revendre les morceaux sur ce marché où ils pourront être écoulés, du moins tant que règne l'optimisme. Faut-il insister sur la déresponsabilisation des prêteurs qu'elle implique, ceux-ci échappant à la contrainte d'une évaluation soigneuse du risque, sur les risques de contamination qu'elle recèle puisque les risques de crédit pris en un lieu déterminé, les États-Unis, le Royaume-Uni ou l'Espagne, peuvent être transférés sous d'autres cieux, en Allemagne ou en France par exemple ? Faut-il encore souligner qu'elle témoigne d'un comportement spéculatif, au sens strict, puisque la rémunération du prêteur repose alors plus sur les plus-values nées d'une vente favorable des titres d'emprunt sur le marché que sur la perception régulière d'un intérêt ? À ce propos, nos lecteurs ont-ils vu la titrisation mise en question où que ce soit, à l'échelon des cercles politiques ou des aréopages d'économistes patentés ?

Le procès de la titrisation reste à compléter en dévoilant un aspect essentiel expliquant l'échec de la politique monétaire menée depuis Francfort. *Les banques qui parviennent à revendre leurs prêts titrisés échappent à la contrainte du refinancement auprès de la Banque centrale.* L'Espagne en a fourni l'illustration convaincante. Entre 2001 et 2007, le crédit accordé par les banques espagnoles a connu un rythme à peu près double de celui de la zone prise dans son ensemble — 20 % à 25 % l'an contre 12 % environ. Or, durant la même période, les banques de ce pays représentant près de 10 % du PIB de la zone monétaire n'ont recouru au refinancement de la BCE que pour une proportion moyenne de 5 %, dérisoire au regard de l'expansion débridée de leurs avances aux entreprises et aux particuliers. Il leur suffisait de vendre leurs prêts titrisés sur le grand marché international du crédit, se procurant ainsi à bon compte, sans aller aux guichets de Francfort, cet argent frais qu'elles pouvaient relancer sans délai dans la machine économique.

QUATRE PAYS,
QUATRE PROBLÉMATIQUES

Le jargon en vigueur dans la sphère financière s'est enrichi à l'occasion de la crise des dettes publiques européennes d'un sigle nouveau : **PIIGS**. Portugal, Ireland, Italy, Greece, Spain se voient ainsi rassemblés dans la soue de l'ensemble européen. La formule trahit le mépris nourri au sein de la sphère pour les États, les économies et les populations. L'erreur majeure consisterait cependant à incriminer ce mépris en omettant la réalité objective. *Aucun de ces pays ne peut être rapproché d'un autre, du point de vue de sa problématique économique d'ensemble.*

Il faut d'abord écarter l'Italie, qui n'est menacée que par un effet de contamination, à partir du constat que la croissance y est faible ou inexistante. Si la dette publique y dépasse le montant du PIB, c'est en raison d'une situation bien antérieure à son entrée dans l'euro. Les gouvernements de centre gauche, de la fin de la décennie 1990, y ont mené des politiques d'austérité budgétaire qui ont permis de stabiliser le montant de la dette. Leurs successeurs ont contenu les dépenses, contraints qu'ils étaient par le poids des échéances annuelles nées des emprunts antérieurs : les budgets de l'éducation et de la recherche publique italiennes sont parmi les plus bas de l'Union européenne. *La dette privée des ménages italiens se situe, paramètre essentiel, à un tiers du PIB, montant le plus modeste de la zone euro.* L'économie italienne dispose d'un véritable tissu industriel avec des secteurs d'excellence, dans l'agro-alimentaire, les produits de consommation et même la fabrication de machines. Et si les salaires ont progressé à l'excès dans la péninsule, c'est peut-être parce que, dans une économie formée d'une masse de petites et moyennes entreprises, les cadres dirigeants ne peuvent majorer leurs traitements sans prendre l'initiative conjointe d'octroyer des avantages à leurs employés.

La question grecque est dominée au départ par le constat d'une falsification massive des comptes publics, avec un déficit affiché situé au tiers de la réalité. Une précision s'impose d'emblée. Si falsification il y a eu, celle-ci ne pouvait échapper aux regards de la Commission européenne et de la Banque de Francfort, ni d'ailleurs aux opérateurs du marché du crédit, qui le souscrivent ou spéculent sur ses titres représentatifs. Car les Trésors emprunteurs procèdent à deux adjudications hebdomadaires, de bons à court terme, pour couvrir les besoins de trésorerie, et d'obligations à long terme, pour financer le déficit et la dette structurels. À partir de ces chiffres, on peut évaluer à très peu près l'évolution sous-jacente du solde budgétaire. Tout Trésor public dont la situation se tend émet plus de bons et plus d'obligations. Est-ce par aveuglement, est-ce par négligence pure, qu'importe, mais les acteurs publics européens et les acteurs privés des marchés spécialisés ont accepté les évaluations du gouvernement d'Athènes. Le procédé douteux de dissimulation d'une partie de la dette, utilisé par ce gouvernement avec le concours technique de Goldman Sachs Europe, aujourd'hui avancé par certains pour expliquer la réussite de la tromperie, ne peut suffire à expliquer la méconnaissance officielle.

La Grèce offre la problématique d'un pays sous-développé, que l'on ne peut espérer voir accéder au rang désormais enviable de pays émergent. Pour l'essentiel, l'économie y est formée de deux secteurs, deux seulement, le transport maritime et le tourisme. L'agriculture méditerranéenne, la petite industrie, les services modernes n'apportent qu'un concours modeste à la production locale. On aurait pu s'attendre à ce que ce pays placé sur la mer ait développé quelques industries spécialisées, comme la production de navires de plaisance, et qu'il ait tenté de jouer le jeu de la sous-traitance pour les économies majeures de la zone. Même pas. Or, ce pays sous-développé s'est retrouvé progressivement accablé par trois boulets : la surévaluation de l'euro, le retard de la productivité, la fraude fiscale généralisée. Les olives grecques sont les plus chères de la Méditerranée. Les entreprises peu efficaces ne peuvent accueillir les générations de jeunes diplômés. Les classes moyennes et riches fraudent le fisc, sous l'œil bienveillant des inspecteurs des impôts. Une rigueur minimale d'appréciation conduit à dire que la Grèce n'aurait pas dû être accueillie dans la zone euro. Son inclusion relevait d'un pari sans fondement sur la modernisation et la diversification rapides de son économie.

La question soulevée par l'Irlande, entrée en

second dans l'œil du cyclone, se présente comme une antithèse presque pure de la grecque. Voici, en effet, un pays bénéficiaire d'une modernisation accélérée durant le dernier quart de siècle. Son économie s'est enrichie d'activités relativement nombreuses implantées pour l'essentiel par les multinationales étrangères venues y chercher main-d'œuvre encore peu chère, droit du travail favorable à l'employeur, accès aisé au grand marché européen et privilège de payer l'impôt sur les sociétés le plus bas de la zone. Les comptes publics courants ne sont pas accablés par le fardeau d'un État-providence. Rappelons qu'à l'orée de la crise récente le budget public restait excédentaire et que la dette publique se situait au plus bas de l'échelle européenne, à 25 % du PIB. Indiquons par-dessus tout ce qui reste ignoré de presque tous : *l'économie irlandaise est la première en Europe, devant les Pays-Bas et l'Allemagne, pour ce qui est des exportations et des excédents commerciaux calculés par tête d'habitant.* Elle fournissait un modèle de compétitivité, selon les canons de la vulgate économique dominante.

Chaque pays peut offrir l'occasion d'un approfondissement ponctuel de la réflexion économique. Quel que soit le degré de modernisation de l'Irlande, ses résultats commerciaux soulèvent l'incrédulité. Il lui faut tout de même importer de l'énergie, des pièces pour son industrie, des biens d'équipement, des produits manufacturés qui ne figurent pas dans l'éventail de la production locale. Le montant de son excédent extérieur, aujourd'hui supérieur à 40 milliards d'euros, pour une population de 4 400 000 habitants, pose une énigme. Énigme dont l'explication peut résider dans le privilège fiscal accordé aux sociétés. Des groupes d'importance mondiale localisent abusivement une fraction notable de leurs profits en Irlande pour «optimiser» leur imposition globale. General Electric parvient à ne pas déclarer de bénéfices aux États-Unis grâce à ce procédé : la firme, non imposable sur le sol américain, figure au premier rang des contribuables de Singapour et de Dublin. Mais ladite optimisation des profits repose sur des *mouvements comptables* bien connus des fiscalistes spécialisés, sous le nom de «mécanisme de prix de transferts», consistant à organiser des transactions systématiques entre les filiales des différents sites de production : les filiales assujetties à un impôt important vendent à perte aux filiales fiscalement favorisées, ces dernières revendent au prix fort ce qu'elles ont acquis à un prix de braderie. Pour le sujet qui nous occupe, il importe d'en tirer les conséquences macro-économiques cachées. *Non seulement les profits sont imaginaires, mais une fraction de la production et des exportations aussi*. Tel est le miracle celtique.

Voici cependant qu'un pays pleinement prospère et surpuissant commercialement, à son échelon démographique, subit à son tour les affres de la cessation de paiement, réservée en théorie aux pays déficitaires. Le paradoxe peut être surmonté à partir de deux éléments d'explication : l'Irlande est le pays du monde qui a le plus abusé de la faculté d'endetter ses ménages pour organiser une bulle immobilière dont les excès surpassent ceux des bulles américaine, anglaise, espagnole et australienne. Sa dépression économique procède classiquement de l'éclatement de la bulle, de l'effondrement durable des secteurs économiques concernés et de l'entrée au chômage d'environ 400 000 personnes, soit le dixième de la population totale. Et l'on est tenté d'imputer à l'effondrement économique l'effondrement des banques. Les apparences sont quelque peu trompeuses. La cessation de paiement des trois premiers prêteurs locaux provient d'abord de leurs engagements massifs auprès, dans l'ordre, des banques anglaises, allemandes, françaises, américaines. Engagements que les prêts accordés sans retenue aux ménages irlandais ne suffisent pas à justifier. Les banques irlandaises ont, à l'instar des islandaises, emprunté pour spéculer. *C'est de leurs emprunts, plus encore que de leurs prêts, que procède leur faillite.* Les mauvais paris accomplis sur une vaste échelle à partir de ces emprunts ont occasionné des pertes massives, vouant leurs auteurs à la cessation de paiement. Voilà l'explication première du naufrage irlandais.

Le gouvernement de Dublin s'est porté au secours de ses banques, en procédant à leur nationalisation précipitée. Ce faisant, il a transféré dans les comptes publics les engagements des anciens acteurs privés que ceux-ci ne pouvaient plus tenir. Mais c'est par étapes qu'il en a découvert la démesure (la première estimation officielle date d'avril 2010). Les emprunts massifs qu'il a consentis et consent toujours pour faire face à un déficit budgétaire de plus de 10 % du PIB et au comblement des pertes des banques nationalisées vont quadrupler, en l'espace de quatre ans, le montant de la dette publique exprimée en proportion dudit PIB. « Fin de partie », aurait sobrement commenté un natif nommé Samuel Beckett.

Le drame qui se joue au Portugal présente moins d'étrangetés que les deux précédents. Relevons en tout premier lieu que la dette publique, surpassant le montant du PIB, et la dette des ménages à peine moins considérable que l'espagnole ont franchi des seuils critiques. Mais ces chiffres préoccupants, qui servent d'arguments pour le massacre organisé de la dette publique accompli sous la houlette des agences de notation, doivent être appréciés au regard de ce qui constitue l'échec portugais proprement dit. *Ce pays subit en ce moment sa cinquième récession depuis l'introduction de l'euro.* Cela tombe encore sous le sens : la faiblesse de l'appareil de production local aurait dû interdire à Lisbonne comme à Athènes le privilège à double tranchant du rattachement à la nouvelle monnaie. Mais nous aimerions ici avancer une hypothèse de travail supplémentaire, à partir d'un constat paradoxalement favorable : les travailleurs portugais des deux sexes sont disponibles et assidus. Les Français savent que nos voisins installés chez nous sont plus désireux d'y montrer leur capacité que de s'installer dans le confort du système de protection sociale. Il faut alors décider d'une explication plausible de cet enfermement dans la récession. Nous n'en voyons qu'une. Le Portugal, qui constituait une terre d'élection pour la localisation des industries de main-d'œuvre européennes, n'a que peu bénéficié de la création d'emplois par l'extérieur. L'élargissement hâtif de l'Union européenne aux pays d'Europe centrale a drainé les investissements productifs des entreprises étrangères vers des territoires encore moins chers, faiblement fiscalisés, interdisant au Portugal de s'inscrire sur une trajectoire modeste, mais sûre, de développement par l'enrichissement progressif du tissu de production local.

« Châteaux en Espagne » serait un terme évocateur pour introduire la problématique économique locale. Les médias se sont emparés, il y a trois ans, de la bulle immobilière espagnole qu'ils tenaient jusque-là pour la manifestation d'un optimisme créateur. Les politiques n'étaient pas en reste : Ségolène Royal, qui affirmait durant sa campagne que « l'Espagne avait trouvé le secret de la croissance moderne », et Michel Sapin, porte-parole économique du parti socialiste, qui offrait l'économie espagnole à l'admiration des Français, au printemps 2008, sans se soucier de l'effondrement simultané des marchés immobiliers et de l'emploi, déjà actés dans les chiffres officiels. Si les causes de la dépression espagnole ne font pas mystère (14 emplois sur 100 ont été supprimés en quatre années sans compter la disparition invisible de nombre d'emplois non déclarés), si le laxisme des banques espagnoles peut être désormais incriminé, alors que les médias économiques, toujours eux, donnaient en exemple, en 2009, leur bonne gestion sous l'excellente supervision technique de la Banque d'Espagne, il reste à souligner que ce pays n'est pas si mal doté. Les constructeurs automobiles français installés sur place obtiennent une productivité supérieure à celle de leurs sites français, grâce à l'application d'une semaine de travail de quarante heures. Les infrastructures locales figurent parmi les plus modernes d'Europe. Pour ces raisons, elle a bénéficié et bénéficie encore de nombreux investissements productifs américains, japonais, allemands ou français.

Et qui mettre au banc principal des accusés, sinon les gouvernements espagnols successifs, depuis le tout dernier de Felipe Gonzalez jusqu'à celui de Luis Zapatero, en passant par les gouvernements conservateurs présidés par José Aznar. Leur politique n'a pas dévié vingt années durant : faire de l'Espagne un pays de cocagne en faisant jouer successivement trois facteurs, l'endettement accéléré des particuliers et des petites entreprises, le financement gratuit des nouvelles infrastructures par les fonds européens, enfin la faculté d'émettre des titres d'emprunt public à des taux aussi favorables que l'Allemagne, grâce au confort longtemps procuré par l'appartenance à la zone euro. Ainsi l'Espagne a-t-elle pu faire la fête avant de connaître des lendemains douloureux.

Les quatre pays passés en revue présentent, au-delà de leurs problématiques nationales, deux traits communs. Premièrement, ils ont tous reçu les concours importants, sous forme de subventions, des fonds dits de cohésion structurels, avec un double avantage : celui de pouvoir se doter d'infrastructures neuves et celui de ne pas charger leurs budgets publics des dépenses correspondantes, dépenses qui auraient occasionné des emprunts supplémentaires sur les marchés. Deuxièmement, leurs anciennes monnaies ont fait l'objet, à l'occasion de la grande crise des changes européenne, de 1992 et 1993, de dépréciations substantielles vis-à-vis du mark et des monnaies qui lui sont restées rattachées, comme le franc français. La conversion de la drachme, de la livre irlandaise, de l'escudo et de la peseta dans la nouvelle monnaie européenne a entériné ces dépréciations. Les quatre pays, entrés dans l'euro avec le concours financier de leurs grands partenaires et l'avantage supplémentaire d'une parité favorable, dans les faits, au sein de la nouvelle zone monétaire, se retrouvent, douze années plus tard, exposés à la faillite. Il nous faut en déduire deux leçons simples : on ne crée pas d'expansion durable en subventionnant les « pauvres », la richesse des nations procède d'autres facteurs ; la dépréciation de la monnaie ne constitue un avantage que lorsque les pays bénéficiaires, installés au sein d'un espace commercial protégé, mettent en œuvre une stratégie cohérente.

IMPASSE EN EUROPE, RISQUE SYSTÉMIQUE EN OCCIDENT

L'ébauche du diagnostic requis doit partir du constat que l'euro a cessé, dès les premiers moments de la crise grecque, de garantir la solvabilité des prêteurs. En pleine débâcle économique et financière, les économistes, les politiques, les médias pouvaient encore proclamer, en s'appuyant sur les chiffres disponibles, que l'appartenance à l'euro restait une aubaine. Jusqu'au tout début de 2009, les emprunteurs publics de la zone ont joui de conditions d'emprunt des plus favorables. La Grèce payait à peine plus cher que l'Allemagne. On doit y voir la concrétisation durable d'un des postulats de départ de l'union monétaire : la qualité des débiteurs s'apprécie au premier regard à partir de la qualité présumée de la monnaie d'emprunt. Le préjugé de la protection par la monnaie aurait pu trouver son expression en déclinant, pour le compte de l'euro, le slogan qui a illustré la domination du dollar à l'échelon mondial : « *As good as gold.* »

Après ce constat, le scénario de l'extension de la crise à de nouveaux territoires, à partir de la Grèce, nous renvoie à un thème classique de la littérature financière. La défiance apparue sur un marché financier, pour une raison quelconque, se propage par étapes, en touchant les uns après les autres les agents économiques qui y sont exposés. Un krach boursier déprécie toutes les valeurs, sans considération pour la capacité intrinsèque des sociétés cotées. Un krach du marché interbancaire tel que celui intervenu durant l'été 2007 a détruit le crédit de l'ensemble des parties prenantes, même de celles qui se sont montrées les plus prudentes. De même, l'insolvabilité grecque, puis l'irlandaise, puis la portugaise portent en germe l'espagnole, l'italienne et la française, qui pourraient à leur tour être déclarées, à partir de l'extinction de leur reprise économique, vraisemblable en ce début d'été 2011. Et l'on verra alors ce qui adviendra du crédit des puissances herculéennes de la zone, l'Allemagne et les Pays-Bas, dès lors que leur propre situation aura été fragilisée par la chute de leurs voisins. Au risque de susciter l'incrédulité, nous avançons que la faillite des Trésors publics de la zone, à partir d'une certaine extension, peut avoir l'effet d'une déflagration générale, projetant vers l'inconnu même les puissances jugées invulnérables.

De cette déflagration générale, les acteurs les plus discrets mais les plus influents auront porté la première responsabilité et la première culpabilité : les agences de notation. La descente aux enfers des débiteurs, sous leur conduite, soulève des protestations jusqu'au sein des instances européennes, avec lesquelles elles travaillaient la main dans la main, après avoir reçu le privilège, coûteux pour les intéressés, de noter les débiteurs. On s'étonne qu'après avoir accordé les meilleures notations à ces débiteurs, y compris dans la période de crise économique la plus intense, elles les relèguent dans les profondeurs de leurs classements. Mais c'est l'usage, qu'il s'agisse de la crise asiatique et russe de 1997 et 1998, de la crise des valeurs boursières américaines de 2001, de la crise des prêteurs à l'immobilier américain de 2007 et 2008. La crise inopinée des dettes publiques européennes confirme qu'elles se trompent toujours. Leurs erreurs découlent du fait que, supposées superviser avec vigilance les marchés financiers, grâce à leur position en surplomb et l'expertise de leurs agents, elles en épousent cependant les préjugés et la psychologie. Elles font obstacle à la prise de conscience des périls qui se forment, puis courent au-devant des marchés qui ont perdu confiance, pour tenter de s'exonérer de leur responsabilité lorsque s'ouvre la tragédie. Marquons, pour le principe, que les agences de notation illustrent au plus haut degré *l'échec du projet d'ordre spontané, issu de l'intérieur même des marchés financiers, qui accouche aujourd'hui d'un désordre organisé.*

Cependant, cela fait maintenant une année et demie que les gouvernements et les autorités de la zone euro s'activent pour définir des issues financières et mettre en place les moyens requis. Or, la défiance se propage par épisodes, épousant la course d'un phénomène naturel incontrôlable par les humains. C'est que la solution retenue s'inscrit à contresens de la logique financière. Elle consiste, depuis le 9 mai 2010, à s'appuyer sur un fonds européen de garantie des dettes des États jugés malades, en chargeant d'un poids supplémentaire les États présumés encore sains, *sans réduire le fardeau excessif des premiers nommés.* Les financiers plus que tous les autres savent pourtant que la réduction des dettes fournit le premier remède, indispensable, pour tenter un retour à la santé. Qu'il s'agisse d'un particulier, d'une entreprise, d'une collectivité publique, tout agent économique surendetté qui conserve un potentiel économique doit se voir accorder des allégements substantiels sous différentes modalités possibles : réduction des engagements, refinancement à taux réduit, rééchelonnement des échéances. C'est ce qui n'a pas été fait, ce que l'on n'a pas voulu faire.

Le choix retenu par les gouvernements de la zone euro, avec la bénédiction et le concours de la Commission, de la Banque centrale et du Fonds monétaire international, avec l'impulsion remarquable du Président français, choix porteur de périls qui se déclarent les uns après les autres, tend à *sanctuariser les grands acteurs financiers menacés de faillite par celle de leurs débiteurs*. À l'engagement disproportionné de ces acteurs sur le marché de la dette des particuliers, dont procède la grande crise bancaire d'il y a trois ans, répond aujourd'hui l'engagement aussi disproportionné des banques vis-à-vis des États. Le nœud de l'affaire réside dans une anomalie. Tandis que les banques et les compagnies d'assurances placent en abondance l'épargne des particuliers en titres de la dette des États, ces titres ont été rendus inaccessibles aux épargnants eux-mêmes, pour assurer un privilège de financement et de placement des deux grands secteurs. La solution consistant en une réduction forcée des engagements des débiteurs surendettés pour assurer leur sauvegarde pourrait s'appliquer, dans la douleur, aux épargnants directs. On se refuse à y contraindre les gérants de cette épargne, dans la crainte du « cataclysme », terme emprunté à Christian Noyer, gouverneur de la Banque de France.

Deux arguments ont été avancés à l'appui de ce refus. Celui, d'abord, que les épargnants seraient lésés : il faut donc imposer des sacrifices sans précédent aux États et aux contribuables (ne s'agit-il pas cependant en leur personne de ces épargnants que l'on prétend protéger ?) pour maintenir leurs droits. Celui, ensuite, du risque systémique découlant de la fragilisation des banques et des compagnies engagées, presque toutes. Ledit risque systémique, qui ne fait de doute pour personne, à l'échelon des décideurs politiques et financiers, se propagerait à partir des pertes que les créanciers subiraient directement, du fait de la réduction de leurs droits, mais aussi indirectement, en raison d'un autre engagement, au titre des CDS, ces primes d'assurance à caractère spéculatif rattachées aux titres d'emprunt, qui avaient joué le rôle décisif dans les grandes faillites de 2008, et qui devraient maintenant, en toute logique, déterminer de nouvelles faillites nées, cette fois, de l'insolvabilité d'emprunteurs publics. Lorsque l'insolvabilité de certains débiteurs se déclare, les titulaires de CDS sont en effet appelés à la rescousse à partir de leur responsabilité d'assureurs des dettes non remboursables. Les pertes sont ainsi démultipliées par le réseau des CDS qui se superpose au réseau des emprunts proprement dits. De surcroît, les CDS relatifs aux dettes publiques, étant détenus tant par les financiers européens que par les financiers américains, le risque systémique vaut aussi pour nos amis d'outre-Atlantique. L'épisode de la crise de la dette privée américaine qui a fait tant de mal à l'Europe pourrait bientôt connaître son corollaire sous la forme d'une crise de la dette publique européenne qui franchirait l'Atlantique en sens inverse. Ce serait un prêté pour un rendu.

Le drame prend ainsi une tournure échappant à toute logique compréhensive ordinaire. Les États victimes d'une crise économique engendrée à partir de la sphère financière, placés au bord de l'abîme, se sont surendettés pour survivre. Banquiers et assureurs ont souscrit sans vergogne des titres d'emprunt de plus en plus nombreux, avec l'épargne qui leur est confiée, mais aussi, s'agissant des banques, les concours de la Banque centrale. Ces États, pourtant exsangues, se voient maintenant intimer, par ceux qui les ont pris en otages, d'assumer la charge d'un nouveau fardeau, dans l'espoir que le système financier échappera à un naufrage définitif. Cette ultime tentative de sauvetage d'un navire en détresse s'effectue sous le signe classique de la fuite en avant: les élites appellent maintenant à une nouvelle gouvernance assurée nommément depuis Bruxelles et Francfort, en basculant, sans débat politique préalable, vers un «fédéralisme économique européen». La demande émane tant des fédéralistes de toujours, d'inspiration politique, que de fédéralistes de circonstance qui se multiplient au sein du monde des affaires. Se dessine en arrière-plan de cette demande la perspective de voir des choix essentiels d'organisation et de financement des systèmes publics et sociaux nationaux transférés à Bruxelles et à Francfort, aux mains de ces autorités dont la faillite intellectuelle et politique a ouvert la voie à la faillite des économies et des États: sous prétexte de fédéralisme, les milieux d'affaires militent pour un Gosplan monétaire, budgétaire et fiscal.

Or, l'appel de ces fédéralistes de la onzième

heure est irrecevable. C'est sous leur impulsion que le projet européen d'origine, modeste mais encore cohérent, a bifurqué pour échouer sur l'imbroglio et l'impasse en cours. Les formules de fédération ou de confédération qui auraient pu voir le jour, pour l'ancrer dans la réalité et la durée, ont été écartées, laissant place à une « construction » aux termes illisibles par les peuples. C'est ainsi que les dirigeants européens ont emprunté des voies tout autres que le projet d'origine, en subordonnant ledit projet européen à un projet ultérieur, sans rapport avec lui, d'inclusion des économies européennes dans la concurrence mondiale, en souscrivant à l'expérience néo-libérale inaugurée dans le monde anglo-américain, en repoussant sans trêve les limites de l'Union. Ainsi le projet européen a-t-il commencé par perdre son âme politique et sa personnalité économique avant d'abandonner l'assise territoriale qui aurait pu en constituer le cadre propice. Et maintenant, il semble, hélas, que les jeux soient faits.

Chapitre V

À LA CROISÉE DES CHEMINS

Survivre à la crise

À la croisée des chemins, voilà bien un stéréotype du langage politicien en période électorale, lorsqu'il s'agit de persuader l'électeur que le moment est — enfin — venu d'imprimer une nouvelle trajectoire à la destinée nationale sous la conduite du grand personnage qui sollicite son suffrage. Mais les données de toutes sortes qui forment le contexte du double scrutin français du printemps prochain dispensent de démontrer la justesse de la formule. Le Trésor public est à la veille de perdre la note accordée aux emprunteurs les plus fiables. Les enquêtes auprès des chefs d'entreprise indiquent que l'économie nationale entame sa deuxième récession en l'espace de trois ans, après un repli de l'activité déjà sans précédent depuis 1945, aggravant encore le processus de désindustrialisation qui mine en profondeur notre appareil de production. Les boursiers massacrent les titres des grandes banques françaises. La politique énergétique de la France, fondée sur un recours essentiel à l'électricité nucléaire, est fragilisée, de l'extérieur, par la décision allemande de fermeture de ses centrales et, de l'intérieur, par la secte écologiste qui puise sa force nouvelle dans l'échec des partis politiques classiques. Notre État-providence, toujours puissamment soutenu dans son principe dans l'opinion, réclame des ressources que le marasme économique nous retire. Enfin, la monnaie unique vacille sur le piédestal où elle figurait le symbole de l'unité européenne. Toutes les institutions qui ont formé la charpente du système français de l'après-guerre sont menacées de ruine.

Le point remarquable est que ces données, qui n'épuisent pas l'énoncé du problème, ne font pas l'objet d'un traitement synthétique dans les discours officiels. Chacune est traitée à part. On dispute de la gestion du Président en exercice, sujet légitime, sans prendre en considération une crise des systèmes publics qui touche presque toute l'Europe, et même les États-Unis, pourtant si peu prodigues de leurs dollars pour leurs besoins collectifs de santé, d'éducation ou d'infrastructures. On plaide pour un renforcement de notre compétitivité sans faire le moindre diagnostic préalable sur les responsabilités éventuelles de la parité monétaire, du libre-échange, de l'excès des charges pesant sur la production, de la faiblesse capitalistique de notre tissu d'entreprises. On disserte sur l'avenir des banques en évoquant leur recapitalisation sans connaître précisément l'état de leurs comptes et les dommages supplémentaires que la conjoncture pourrait leur infliger. On se bat pour ou contre le nucléaire civil sans avancer les chiffres des dépenses nouvelles à financer sur la longue durée pour maintenir ou, au contraire, liquider la filière nucléaire. On part du principe que le système de protection sociale peut se maintenir pour l'essentiel avec les remèdes palliatifs usuels alors que sa viabilité a été ébranlée par la gravité du choc économique. On décrète à nouveau le caractère sacré de l'euro au moment même de son entrée en agonie. On omet le sujet du déclin qui menace l'Europe et l'Occident après le transfert historique de capacité économique et de puissance financière qui s'est opéré au profit des grands pays émergents au cours de la dernière décennie.

Reste à comprendre pourquoi les nouveaux scrutins se placent, pour leurs grands acteurs, dans le sillage de tous ceux qui les ont précédés depuis 1988. Notre idée est que la classe politique, qui offre tant de personnages cyniques à notre critique, a évacué par étapes le principe de réalité en même temps qu'elle abandonnait le terrain de la réflexion économique pour s'en remettre à la science présumée des experts. Préjugés idéologiques et paresse intellectuelle sont à la source de l'impuissance de nos élites politiques, à quelques exceptions près qui ne peuvent, à elles seules, sauver l'honneur de la corporation.

La question préalable de la monnaie unique s'impose à la France comme à ses compagnons d'infortune de l'aventure de l'euro. Si beaucoup d'options restent ouvertes en ces jours critiques de l'automne de 2011, la plus problématique pour notre pays reste celle d'une rétraction de la zone monétaire autour d'un «euromark» qui engloberait la France comme la zone mark en son temps. Or, c'est aussi la plus réaliste avec celle, cataclysmique, d'une implosion complète de la zone impliquant la création en urgence de nouvelles monnaies nationales dans tous les pays défenestrés de l'euro. Les progrès ininterrompus de la crise des dettes souveraines et la récession commençante empêchent d'imaginer une reprise en main du système euro.

Une deuxième question non traitée à ce jour en dépit de tous les dévoiements révélés depuis quatre ans tient au fonctionnement des banques. Elle s'imposait déjà au lendemain du séisme financier venu des États-Unis en 2007 et 2008. Elle revient avec plus de force encore maintenant que sont reconnues l'imprudence inouïe des grandes banques françaises dans leur politique de crédit au sein de la zone euro et la faillite virtuelle qu'elle fait entrevoir. Nous avions tenté d'ouvrir le débat de la restructuration des banques en 2009, dans un contexte de moindre urgence, en proposant une séparation généralisée des activités de dépôt, de crédit et de *trading*[1]. Ladite séparation paraît devoir être décidée aujourd'hui, sous la contrainte de la faillite qui s'annonce, mais avec une difficulté supplémentaire de taille. Peut-on réorganiser l'appareil bancaire à partir de l'appareil existant ou faut-il envisager, tout au moins pour ce qui est de l'activité de fourniture des crédits, de nouveaux acteurs mis en place au côté des anciens dont les jours semblent comptés ?

AVEC OU SANS L'EURO ?

La grande crise de l'euro coïncide avec le vingtième anniversaire du traité de Maastricht. Martin Wolf, chroniqueur hebdomadaire dans le *Financial Times*, où il s'attaque aux questions de régulation des économies européennes et mondiales, nous a livré cette observation en forme d'épilogue : « Si les décideurs avaient compris il y a vingt ans ce qu'ils savent aujourd'hui, ils n'auraient jamais lancé la monnaie unique[2]. » Quelque temps auparavant, William Hague, secrétaire au Foreign Office, avait tenu un propos plus corrosif, quoique plus contestable : « J'ai décrit l'euro comme un édifice en feu sans issue de secours et cela a été prouvé pour certains pays membres. »

Il ne doit faire aucun doute que les options disponibles soit pour maintenir l'euro, hypothèse des plus improbables, soit pour le démanteler en totalité ou en partie infligeront des dégâts auxquels nous n'avons pas été préparés. Elles requièrent de surcroît des changements d'orientation politique pour les parties prenantes qui ne figurent sur aucun agenda officiel. Examinons les deux hypothèses.

Le professeur Nouriel Roubini, réputé aux États-Unis pour avoir diagnostiqué dès 2006 le krach à venir du marché hypothécaire, a tenté d'identifier différentes solutions de sauvegarde de la monnaie unique[3]. Une première consisterait en une politique monétaire « agressive » de rachat massif des dettes publiques par la Banque centrale européenne, politique déjà pratiquée à Washington et à Londres, assortie d'un affaiblissement délibéré de la parité de change, d'une politique de relance de la consommation dans des pays comme l'Allemagne et les Pays-Bas, et d'une réduction des rémunérations dans les pays dits périphériques, en crise financière ouverte. Une deuxième solution se limiterait à un réajustement à la baisse des salaires dans ces derniers pays, avec d'autres compléments à la politique d'austérité, et une normalisation pour les fraudeurs du fisc. Une troisième solution — dont rêve la majorité des politiques français — ferait porter sur le « centre » de l'Europe, le couple germain et néerlandais, le poids d'une garantie des dettes des pays en détresse : la proposition d'émettre des « obligations européennes » constitue une ébauche implicite de mise en œuvre de ladite solution éventuellement assortie du passage à un « fédéralisme économique européen », qui implique la mise sous tutelle des États sur le chapitre essentiel des dépenses publiques et des impôts. La quatrième solution, dont nous nous sommes rapprochés, impliquerait un défaut partiel des pays discrédités qui quitteraient le navire de l'euro pour naviguer sous leur propre pavillon monétaire. C'est la seule réaliste, malgré son corrélat inévitable, une crise financière internationale, voire mondiale. Les conditions requises pour l'application des trois premières solutions semblent en effet hors d'atteinte.

La Banque centrale européenne a constamment rejeté l'hypothèse d'un rachat massif des dettes publiques de la zone pour des raisons qui ne tiennent pas toutes au dogmatisme. Il se heurte à un premier obstacle de principe : il n'y aurait pas une dette à racheter, comme aux États-Unis et au Royaume-Uni, mais plusieurs, et l'équité voudrait que tous les Trésors publics en bénéficient, y compris le Trésor allemand qui gère un stock d'emprunts représentant tout de même 81 % du PIB. En outre, ce rachat, qui porterait sur les emprunts déjà émis, aurait pour objet de soutenir le cours de la dette sur le marché secondaire, mais il ne garantirait pas forcément un meilleur accès au crédit pour les émissions nouvelles, considérables, que les pays concernés doivent poursuivre, afin de couvrir les déficits excessifs entretenus par le marasme économique. Il n'effacerait pas non plus la totalité de la décote des titres d'emprunt qui affecte les banques et les compagnies d'assurances détentrices. Pour parler le langage des financiers, ce rachat rendrait momentanément les emprunts anciens plus « liquides », sans rendre pour autant solvable dans la durée la totalité des débiteurs concernés, particulièrement ceux qui cumulent un lourd déficit public et un substantiel déficit extérieur. Il consisterait enfin en une sorte d'amnistie financière des États les plus irresponsables et les plus malhonnêtes, difficile à accepter par certains États qui ont réussi le tour de force de maintenir un équilibre ou un excédent extérieur en régime de libre-échange mondial.

L'Allemagne qui a opté, il y a sept ans déjà, pour une politique de compétitivité salariale, en cassant sa consommation, n'a pas de raison de changer subitement de trajectoire par une politique de hausse des rémunérations. Cette politique cynique lui a permis de supporter sans dommages excessifs la concurrence des pays à bas coûts et d'effacer ensuite la récession massive de 2008 et 2009. Autrement dit, les dirigeants allemands ayant fait un choix stratégique, de consolidation de l'appareil industriel, n'ont guère de raison de le renier pour venir au secours des pays en détresse. Leur préoccupation reste de maintenir le cap de la mondialisation, assumée avec les moyens propres au pays, et non de revenir dans un jeu économique européen totalement brouillé par la crise des dettes souveraines. Et leur hantise est de voir leur propre crédit fragilisé une fois qu'ils auraient donné la garantie de la République fédérale aux emprunts des pays en détresse.

Ces derniers pays ont déjà consenti des sacrifices considérables, non seulement sous la forme de réduction des dépenses publiques, mais aussi de baisses de salaires dans le secteur privé. Le résultat ne correspond pas aux attentes. Les économies et les sacrifices salariaux ont comprimé la demande intérieure de telle façon que les États ont reperdu, sous forme de pertes de recettes, une large part du bénéfice comptable espéré. L'amélioration des comptes est restée constamment inférieure aux prévisions tandis que le chômage n'a cessé de gonfler, dans tous les pays concernés. Peut-on espérer que de nouveaux sacrifices se révèlent plus efficaces alors que les sacrifices déjà décidés ont miné les entreprises et démoralisé les populations ?

La baisse de l'euro constitue l'élément le plus convaincant de la panoplie décrite par le professeur Roubini. Un repli de l'euro vers une parité d'égalité avec le dollar soulagerait l'ensemble de la zone. Mais la parité des monnaies ne se décide plus à l'échelon des États ou des banques centrales, sauf pour ces pays, comme la Chine, qui ont amarré leur devise au dollar et pratiquent une politique de contrôle des changes interdisant une circulation importante de leur monnaie sur les marchés internationaux. L'euro est entre les mains des *traders* anglais et américains qui traitent la monnaie européenne comme s'il s'agissait d'une monnaie allemande : il devrait en aller ainsi tant que la crise n'aura pas atteint son paroxysme. Dans ces conditions, une baisse de l'euro ne pourrait intervenir que sous l'action conjuguée des banques centrales européenne et américaine qui échangeraient chaque jour en quantités substantielles leurs monnaies sur la base d'une parité croissante du dollar vis-à-vis de l'euro. Les deux banques agiraient dans les faits comme des *traders* directeurs du marché des changes. Cette action solidaire, intelligente et efficace, ne verra cependant pas le jour. Les États-Unis restent aux prises avec une conjoncture économique décevante : le maintien de leur croissance anémique dépend du courant favorable de leurs exportations encouragées par la faiblesse du dollar. Tous les dirigeants américains le disent, à la Banque centrale, au gouvernement, dans les milieux d'affaires. Leur double volonté consiste à maintenir un dollar faible vis-à-vis de l'euro et du yen tout en harcelant la Chine pour obtenir la réévaluation du yuan.

Enfin, nous venons de le dire, la récession qui s'étend à compter de maintenant à de grands pays européens comme la France et l'Italie semble fermer la voie une fois pour toutes à une solution maîtrisée des dettes souveraines en Europe. Le triple A de la France tombera à la première alerte significative, mauvaise exécution du budget, chiffres décevants de la croissance, annonce de pertes dans les grandes banques, toutes choses qui nous sont promises à brève échéance. La nouvelle, qui réjouira les experts en déclinologie française, aura surtout pour effet de mettre à bas l'échafaudage financier centré sur le Fonds européen de stabilité financière dont l'efficacité présumée est fondée sur sa capacité d'emprunt, laquelle requiert le triple A de l'Allemagne mais aussi celui de la France.

De fait, la France, son État et son économie forment à eux seuls une entité singulière dans la zone euro. Qu'avons-nous de comparable avec les pays déjà en crise, sous quelque aspect que ce soit ? À la différence de la Grèce, de l'Espagne et de l'Italie, on y paie à peu près l'impôt dû, et les inspecteurs du fisc pourchassent les fraudeurs. L'expérience dévastatrice d'un boom immobilier et de la consommation financée par le crédit nous a été épargnée. Notre productivité reste l'une des premières au monde. Mais qu'avons-nous fait pour nous retrouver aujourd'hui affligés non seulement par une dette publique considérable, mais surtout par un déficit commercial qui n'a cessé de se creuser depuis 2003, dernier exercice situé en équilibre ? Le paramètre du commerce extérieur nous interdit de nous placer à l'échelon d'invulnérabilité apparente de l'Allemagne et des Pays-Bas. Et les « investisseurs », ces fonds de placement qui font la loi sur les marchés financiers, ont enfin découvert le degré d'exposition au risque d'insolvabilité de leurs débiteurs couru par nos grandes banques qui ont souscrit les yeux fermés les emprunts privés et publics des pays frappés en premier par la crise des dettes souveraines.

Le carcan financier et le marasme économique se conjuguent pour nous contraindre à des choix plus déterminants que tous ceux décidés depuis 1945, plus lourds de conséquences pour le système national que les réajustements importants effectués en 1959, sous la conduite du général de Gaulle, et en 1983, grâce au tournant économique imprimé par François Mitterrand.

La première réponse consiste à décider s'il faut se maintenir à toute force dans le périmètre de la monnaie gérée à Francfort, comme nous l'avons fait entre 1992 et 1996 pour préserver le projet d'unification monétaire qui aurait avorté alors, si le franc avait décroché du mark. La vanité intellectuelle des élites françaises porte à le penser. Mais, entre-temps, le rapport de force entre la France et l'Allemagne s'est dégradé de telle sorte que l'industrie française ne représente plus guère que 40 % de l'industrie allemande. L'accrochage à l'euromark favoriserait plus encore le déclin relatif de notre économie, puisque les entreprises auraient alors à subir la concurrence renforcée des pays dotés de monnaies dévaluées à la suite de leur sortie de la monnaie unique. Il imposerait, ce que la campagne électorale ne permet guère de discerner, des choix draconiens en termes de dépenses publiques, menaçant les éléments de notre souveraineté diplomatique et militaire, les efforts d'autonomie énergétique et la capacité d'enseignement et de recherche nécessaire à tout pays qui entend tenir ne serait-ce que le rang d'une puissance moyenne.

En arrière-plan de cette considération, il faut parler crûment d'un risque de vassalisation française vis-à-vis de la puissance allemande. Les soucis politiques lancinants que pose à notre voisin la crise des dettes souveraines en Europe n'empêchent pas celui-ci de continuer à se projeter dans l'espace de la concurrence mondiale. Les dirigeants allemands ont complété la politique de compression salariale par une politique méthodique de délocalisation de la sous-traitance en Europe centrale, qui abaisse encore les prix de revient finaux. Ils ont ainsi conjugué les ressources du *Mittelstand*, les entreprises moyennes performantes, avec celles de la *Mitteleuropa*. Avec la satellisation de fait, sur son flanc occidental, des Pays-Bas et de la Belgique flamande, l'Allemagne s'est rapprochée d'une situation d'hégémonie économique à laquelle ne fait encore obstacle que la capacité française. Les forces qui nous restent dans de grands secteurs, l'aéronautique, l'énergie, le BTP, la pharmacie, voire certains pans de la filière automobile, font encore de la France un vrai concurrent de l'Allemagne en Europe. Une dévaluation monétaire, issue de la sortie de la monnaie unique, et assortie d'une réorganisation du système économique et financier du pays, pourrait nous faire échapper à la vassalisation. Un maintien dans l'euromark nous reléguerait par étapes au rang de premier sous-traitant de l'économie d'outre-Rhin.

Comment sort-on alors de l'euro ? Les difficultés ne relèvent pas de la technique. Les spécialistes nous ont déjà fourni la notice d'exécution du passage à un instrument monétaire national : parité de la nouvelle unité de compte avec l'euro (un franc nouveau ou une lire nouvelle vaut un euro ancien dans la circulation intérieure), pour éviter une valse des étiquettes ; marquage des billets en euros signifiant qu'ils représentent désormais la nouvelle monnaie ; émission sans délai des nouveaux billets et des nouvelles pièces. Mais cette opération technique laisse ouvertes les deux interrogations majeures que soulève le changement de monnaie : comment gérer sa dévaluation inéluctable par rapport à l'ancien euro ? Comment assurer le service des dettes privées et publiques émises dans l'ancienne monnaie unique ? Il nous semble inévitable de laisser la nouvelle devise flotter pour un temps sur le marché des changes jusqu'à ce qu'elle atteigne un point de dévaluation substantiel, à partir de quoi les autorités auraient le choix entre la poursuite de la politique de flottement (c'est le régime actuel de la livre sterling et de la couronne suédoise) ou l'établissement d'une parité stable vis-à-vis de l'euromark. Quant aux dettes anciennes, deux régimes sont à prévoir : l'un, applicable de préférence aux dettes privées, où les débiteurs pourraient opter pour la conversion de leurs dettes dans la nouvelle monnaie ou, dans les cas les plus favorables, pour un maintien délibéré, au bénéfice du cocontractant, de ces dettes libellées en euros ; l'autre, applicable à la dette publique, où la conversion forcée serait de règle.

L'autre question majeure n'a pas encore été énoncée officiellement, sinon sous la forme d'une dénégation par les préposés de Bercy. Nos grandes banques peuvent-elles survivre à la deuxième phase de la grande turbulence, phase qui s'est ouverte avec la crise des dettes publiques européennes et le retour de la récession ? Inutile de souligner ce que pourrait signifier une cessation de paiements qui ne toucherait même que deux ou trois de nos plus grands établissements bancaires : ruée sur les dépôts en banque et tarissement brutal du crédit à l'économie, autant dire le chaos et la dépression. Or, la plausibilité de l'événement a atteint, avec la perspective du défaut de nombreux débiteurs de l'Europe périphérique et celle de défauts supplémentaires liés à la rechute économique française, un degré qui devrait obliger les responsables publics à explorer, au sein des groupes de travail fermés aux regards extérieurs, les solutions à mettre en œuvre pour surmonter un effondrement de l'appareil bancaire. Rien n'indique que ce travail d'extrême nécessité et d'extrême urgence ait commencé.

AVEC OU SANS LES « BANQUES » ?

La fragilité des banques françaises apparaît comme une énigme en première analyse. Dans différents pays, États-Unis, Royaume-Uni, Espagne, un boom du crédit à la consommation et à la construction a gonflé le montant des dettes privées de telle sorte que beaucoup de banques et de sociétés de crédit ont vu monter en flèche les défauts de paiement des débiteurs qu'elles avaient inondés de leurs largesses. Rappelons à toutes fins utiles que quatre grandes banques anglaises ont été nationalisées par Gordon Brown et que l'État et la Banque d'Espagne s'efforcent jour après jour de colmater les brèches ouvertes dans les comptes des banques régionales par le krach immobilier local. La France n'ayant rien connu de comparable, nos banques devraient couler des jours plutôt paisibles tout en donnant au monde l'exemple de prêteurs responsables.

Nous avons vu cependant qu'elles avaient déjà subi quelques dommages en 2008 et 2009 du fait de leur exposition au marché hypothécaire américain dont les risques avaient été sous-estimés par leurs économistes. Ces dommages sont restés cantonnés ou ont été partiellement effacés grâce au sauvetage des banques américaines entraînant un paiement par le Trésor de Washington des créances que ne pouvaient plus assumer les banques locales. Mais les risques liés à la détention massive de dettes privées et publiques grecques, espagnoles, portugaises, italiennes, irlandaises sont sans commune mesure avec les précédents. Non seulement les pertes potentielles sont élevées, dans l'état des choses prévalant à la rentrée 2011, mais des pertes nouvelles apparaissent en pointillé du fait de l'extension sournoise d'une récession qui n'épargne plus la France. Le système bancaire apparu après la guerre et développé par étapes depuis lors se heurte aujourd'hui à un risque tangible de cessation de paiements. Hormis l'épisode particulier de la faillite du Crédit Lyonnais il y a vingt ans, la finance française n'a pas traversé, soixante ans durant, de turbulence comparable.

La gravité de la situation est attestée par la nouvelle priorité dite de «recapitalisation». La technicité du terme n'abuse personne dans le monde des affaires. Recapitaliser, c'est renflouer. L'opération consiste à émettre des actions nouvelles qui, une fois souscrites, procureront de l'argent frais venant combler des pertes acquises ou potentielles. Pour parler trivialement, on bouche les trous que les banquiers ne révèlent pas aux regards extérieurs. La demande de recapitalisation par les intéressés ne fait plus de doute depuis que les porte-parole officieux des banques françaises se répandent dans les médias et les colloques pour la prôner.

Un premier obstacle surgit si l'on pose la question de savoir à hauteur de quels montants la recapitalisation sera nécessaire. Or, nous avons vu que les grands dirigeants des banques intéressées continuent à nier les difficultés qu'ils rencontrent, par voie de conséquence les sommes dont ils auraient besoin pour faire face aux risques qui se sont concrétisés ou pourraient se concrétiser. Ils ont des circonstances atténuantes à faire valoir : la clarification de leurs comptes provoquerait *ipso facto* une fermeture des marchés du crédit pour leurs emprunts en même temps qu'un effondrement irrémédiable de leur cotation boursière.

Le deuxième obstacle qui obstrue le chemin de la recapitalisation vient de ce qu'aucun investisseur raisonnable ne souscrirait les actions nouvelles. D'une part, parce que le risque de faillite ultérieure ne serait pas définitivement écarté par la réussite technique de l'opération. D'autre part, parce que les actions nouvellement émises accroîtraient le stock existant, réduisant à peu de chose le montant des dividendes et des plus-values à espérer dans l'hypothèse favorable d'un retour à la prospérité des banques émettrices. Mieux vaut investir dans les pays émergents ou les actions des *start-up* à succès.

Ne reste plus alors qu'à se tourner vers le contribuable au pire moment qui soit. Il faudrait réclamer des fonds publics à des États exsangues et à des contribuables mis à mal par les difficultés économiques et sociales. Il faudrait ajouter des sacrifices nouveaux à ceux déjà réclamés pour réduire les déficits d'exécution des budgets. Il faudrait, enfin, plaider pour la cause de dirigeants de banque coupables d'imprévoyance, au mieux, d'aventurisme au pis. Les politiques qui s'y sont déjà risqués, au sein de la majorité actuelle, sous-évaluent le discrédit populaire qu'ils subiraient dans l'hypothèse où ils déféreraient à la demande des intéressés.

Il nous semble nécessaire d'écarter la solution de la recapitalisation des banques non seulement parce qu'elle consisterait à entériner une faillite et à exécuter un ordre donné par les faillis, chose indigne dans son principe, mais parce qu'elle sous-estime l'ampleur des difficultés en cours et à venir. Deux phénomènes implacables de contagion financière et d'extension de la récession économique se conjuguent. Les banques y contribuent d'ailleurs puisqu'elles ont commencé à fermer les vannes du crédit à nombre d'entreprises, y compris celles qui font état, comme les ressortissantes de la filière aéronautique et spatiale, de carnets de commandes pleins à ras bords. Aveugles hier aux risques qui ont sinistré leurs comptes, les banquiers sont aujourd'hui sourds aux besoins concrets du secteur productif. Ils bouclent ainsi la spirale vicieuse qui nous entraîne sur la pente d'une dépression historique.

Nous préconisons de «sortir de la banque» et d'en sortir en urgence. Chacun de nous incline spontanément à traiter la question bancaire, comme infiniment d'autres, à l'intérieur du schéma légué par un passé plus ou moins lointain. Comment réorganiser, réorienter, renforcer le système existant? Mais, s'il est vrai que l'appareil bancaire est désormais grevé de trop de mauvaises créances, le raisonnement tombe dans le vide. De surcroît, le système bancaire européen, voire occidental, a laissé se développer les créances interbancaires dans une proportion inégalée. Alors que la quasi-totalité des créances bancaires devrait concerner d'autres agents économiques, les entreprises, les particuliers, les collectivités publiques, les banques sont aujourd'hui liées les unes aux autres par un réseau enchevêtré de créances réciproques. Cet aspect discret du système financier contemporain fournit un sujet de préoccupation majeur. Il suffit que quelques banques importantes soient exposées à une cessation de leurs paiements pour que les autres banques, qui sont leurs créancières, soient menacées à leur tour. Un risque systémique s'inscrit en filigrane de la crise des dettes souveraines en Europe, comparable au risque apparu dans le sillage du krach du marché hypothécaire américain.

Une première décision, radicale, consisterait à séparer en urgence les activités de dépôt des activités de crédit. Il n'existe aucune raison de mettre en danger les ressources déposées en banque par les particuliers ou les entreprises en maintenant le lien juridique et comptable entre les deux métiers. Car il n'existe d'autre raison qu'historique ou pratique à l'existence de ce lien. La finance moderne a connu des établissements de dépôt qui ne faisaient pas de crédit, elle a vu se développer des établissements de crédit qui ne collectaient pas de dépôt. Les deux métiers peuvent se développer sans dommages en restant séparés l'un de l'autre. Et comme nous avons aujourd'hui une raison impérative d'éviter que la confusion pratique des métiers mène, du fait de l'affaiblissement des banques, à une ruée des déposants vers les guichets, ne barguignons pas.

La décision de principe implique des initiatives pratiques pour la réalisation de la chose. Des responsables distincts auront à prendre les commandes des entités issues de la séparation. Les actifs immobiliers et mobiliers relatifs aux deux métiers devront être répartis entre les nouvelles entités consacrées à leur exercice, de même que les personnels compétents. Dans la foulée de cette répartition initiale, la confection de comptabilités séparées, à date déterminée, s'imposera. Un actionnariat nouveau, qui pourrait être public dans un premier temps, sera appelé au capital des entités de dépôt, sans rencontrer d'obstacle majeur car les sommes à souscrire seraient des plus modestes. Au terme d'un processus qui pourrait réclamer quelques semaines au plus viendra l'affaire la plus délicate, consistant à évaluer les créances et les engagements des entités de crédit, évaluation qui peut conduire à transformer ces entités en simples « structures de défaisance » *(bad banks)* s'il s'avère qu'elles ne sont plus viables. Ne resterait plus qu'à accompagner ces structures dans le temps jusqu'à leur extinction.

La défaillance des entités de crédit entraînerait le tarissement de l'émission de nouveaux prêts : plus de crédit aux agents économiques, partant plus d'activité stable autre que celle capable de se suffire avec ses propres ressources financières. C'est dire qu'un nouveau système de crédit aurait à voir le jour aussi vite que l'ancien aura cessé de fonctionner. La proposition, qui paraîtra aventurée à maint lecteur, nous semble relever de la nécessité imposée par la nature de l'épisode en cours. C'est une révolution qui s'impose, sans laquelle l'économie connaîtrait un collapsus.

Mais comment faire apparaître, en quelques semaines ou quelques mois, un nouvel édifice doté de moyens suffisants pour empêcher la chute vers les abîmes ? La logique conduit à s'appuyer sur les grandes entreprises et sur les professions.

Une initiative originale a vu le jour au lendemain de la crise de 2008. Trois experts bancaires ont proposé, sous le nom de « Corporate Funding Association », la création d'une nouvelle société de crédit à la production, dont vingt sociétés cotées au CAC 40 devaient souscrire le capital. Cette société, appuyée sur des entreprises renommées, aurait ensuite émis directement des emprunts sur le marché afin d'offrir à ses actionnaires des fonds de substitution à ceux qui leur étaient jusqu'ici procurés par les banques. Le projet a avorté, en raison de dissensions entre les actionnaires engagés au départ, mais aussi et surtout d'une opposition des agences de notation, refusant de noter les emprunts d'un concurrent des banques traditionnelles auxquelles les lie une forte connivence. Mais il pourrait voir le jour enfin, avec le soutien moral de l'État et le concours d'experts comptables spécialisés qui formeraient, auprès de la direction du Trésor, le comité de notation des emprunts du nouvel organisme.

À côté de ce premier organisme, d'autres sociétés de crédit à la production pourraient être créées à partir des professions organisées. Une profession — construction électrique, plasturgie, transport routier — ou plusieurs professions regroupées pourraient sans difficulté majeure installer, au bénéfice de leurs petites et moyennes entreprises, les organismes de crédit susceptibles d'émettre des emprunts à leur profit, selon la logique décrite ci-dessus pour les grandes sociétés cotées. Ici encore seraient requis le soutien public de l'État, voire des régions, et une contribution technique de comptables dont l'avis vaut celui de toutes les agences de notation du monde.

Un troisième type d'organismes, spécialisés dans les domaines du crédit au logement, devrait enfin être mis en œuvre. Nul doute que les professionnels du bâtiment, l'État dans le cadre de sa politique du logement et les collectivités territoriales fortement intéressées à la prospérité de la construction résidentielle se porteraient partenaires de ces organismes, en assurant la souscription de leur capital[4].

Tout ce qui vient d'être proposé tend à appliquer un processus classique en économie capitaliste, celui de la *trustification*. On appelle « trustification » la stratégie des entreprises qui cherchent à s'assurer la sécurité de leurs approvisionnements en amont de leur filière d'appartenance. Certaines entreprises industrielles achètent ainsi tout ou partie du capital des compagnies minières qui les fournissent ou pourraient les fournir à l'avenir. La trustification a connu un développement spectaculaire récemment sous l'impulsion de l'industrie chinoise, devenue la première consommatrice au monde de matières premières et d'énergie peu disponibles sur le territoire national, à l'exclusion du charbon : les grandes entreprises chinoises rachètent massivement les ressources naturelles situées sur tous les continents. Les organismes dont nous avançons l'idée et le schéma pratique illustrent en fait une stratégie de trustification de la fourniture de crédit. Dans tous les cas, il s'agit d'assurer l'approvisionnement des emprunteurs en une ressource vitale, l'argent, pour laquelle il n'y a pas de substitut.

LA CONTINUITÉ DE L'ÉTAT

On sera détracteur de la doctrine néo-libérale autant qu'on le voudra, autant que nous le sommes, on ne pourra pour autant fermer les yeux sur la crise des finances publiques nationales. C'est un constat en forme de crève-cœur qu'il nous faut poser. L'excès de nos dépenses publiques et les faiblesses de notre gestion nationale et territoriale portent assurément une part de responsabilité dans notre quasi-détresse depuis quelque temps. Cependant, notre crédit serait aujourd'hui l'un des meilleurs parmi les grands pays développés sans les *deux chocs extérieurs* représentés par l'unification allemande et le krach du marché hypothécaire américain.

Nous avons consacré un chapitre de *La Trahison des économistes* à dénoncer l'erreur d'appréciation qui a consisté à maintenir le lien avec le mark entre 1992 et 1996, durant la période cruciale de la réunification des deux Allemagnes, pour préserver le projet de monnaie unique qui résulte, ne l'oublions jamais, d'une volonté française[5]. La surévaluation monétaire et les taux d'intérêt assassins de la Banque centrale ont provoqué une récession, puis un marasme, qui ont obéré les comptes publics bien plus que la politique de relance de 1981 n'avait pu le faire. L'essentiel du creusement de la dette publique sur cinq exercices, soit plus de 20 % du PIB, résulte de cette politique têtue de couplage du franc avec le mark. Le choc de la réunification allemande aurait au contraire été amorti par une politique de flottement du franc et par le maintien de conditions de crédit favorables, justifié par la faible inflation des prix. Mais nos élites ont en décidé autrement, pour des raisons qui tiennent sans doute de la vanité politique, sauver le projet conçu à Maastricht, mais aussi du dogmatisme monétaire, peser sur les taux du crédit à long terme au prix d'une surévaluation de la monnaie.

Les effets du deuxième choc extérieur sur nos comptes publics atteignent d'ores et déjà une proportion proche de celle du précédent. Mais, alors que le desserrement de la politique de rigueur monétaire allemande et la remontée du dollar sur le marché des changes avaient, à partir de 1997, ouvert une nouvelle période de prospérité, nous sommes, en cet automne de 2011, enlisés comme jamais. Le rythme d'augmentation de la dette publique depuis 2008 est sans commune mesure avec celui que l'État enregistrait depuis le début de la décennie. En trois exercices, c'est une dérive de 20 % du PIB, soit près de 400 milliards d'euros, qu'il faut constater. Comme l'État français n'a pour ainsi dire pas pratiqué de relance économique, comme il n'a pas eu à secourir les banques sur une grande échelle, *la dérive trouve son expli-*

cation principale dans l'impact destructeur de la crise sur nos recettes fiscales et sociales. Ce point essentiel a été rejeté dans l'ombre par le débat tendancieux et manipulateur que les tenants de l'orthodoxie néo-libérale ont lancé instantanément, dans le sillage de la crise. « Profitons du drame financier que vit notre État pour lui imposer notre doctrine et nos recettes », voilà la consigne collective que se sont donnée les conjurés néo-libéraux. D'un côté, la gauche s'est emparée de la crise des comptes publics pour intensifier l'antisarkozysme de commande qui lui tient lieu de participation au débat politique et, de l'autre côté, la droite a refusé de faire le constat, donc le procès, de l'aventurisme financier américain dont nous avons payé un prix d'au moins 15 % du PIB, soit 300 milliards d'euros à ce jour, en termes de dette supplémentaire, sans parler des dommages irréversibles infligés à l'industrie et à l'emploi.

La « grande récession » a frappé un État qui s'était imprudemment chargé d'engagements financiers nouveaux, au fil des années, pour tenter d'apporter de l'oxygène à l'économie nationale. Pour amortir le surcoût lié au régime des trente-cinq heures, 17 milliards d'euros de cotisations sociales dues par les entreprises sont pris en charge par le Trésor public. Pour améliorer la compétitivité externe, 28 milliards d'euros représentatifs de l'essentiel de la taxe professionnelle, dont les anciennes bases ont été supprimées, sont reversés par l'État aux collectivités territoriales concernées. Toutes sommes que nous empruntons chaque année, avec la charge d'intérêts correspondante, faute d'en disposer dans les caisses publiques.

Un point d'ombre demeure. Il reste à comprendre pourquoi et comment les dépenses françaises, les plus élevées du monde occidental, n'ont pas, par elles-mêmes, provoqué le drame financier. La «facilité de la dépense publique», pour reprendre la formule d'un rapport officiel de 2006, ne serait pas au cœur de l'énoncé du problème des finances publiques, ainsi qu'on le prétend de différents côtés[6]? Comment ose-t-on soutenir un tel point de vue quand on examine l'inventaire à la Prévert de nos lignes de crédit budgétaires et de nos prestations sociales ?

Si nous avons pu tenir aussi longtemps dans une position d'emprunteur fiable, en dépensant beaucoup, en subissantt des chocs extérieurs et la concurrence inéquitable des pays à bas coûts, c'est grâce à notre immense bonne volonté de contribuables. Tant les consommateurs, par le biais de la TVA et de la taxe sur les carburants, que les ménages appartenant aux classes moyennes et les PME qui ne peuvent réaliser cette optimisation fiscale qui est l'un des exercices favoris des grandes entreprises ont payé des sommes, au titre de l'impôt sur le revenu et de l'impôt sur les sociétés, qui nous placent, comme pour les dépenses, au sommet de la hiérarchie mondiale. Ce fait ne décourage pas certains idéologues qui voudraient surcharger encore les particuliers appartenant aux classes moyennes, par différents procédés, comme la fusion de l'impôt sur le revenu et de la CSG. Mais il explique la résistance des finances publiques françaises. Une tradition séculaire d'acceptation de l'impôt, assortie d'un véritable contrôle fiscal, a forgé le contribuable français. La monarchie absolutiste et l'État républicain issu de la Révolution ont évidemment joué leur rôle.

Les deux récessions successives, celle subie en 2008 et 2009 et celle à venir pour 2012, nous interdisent de spéculer sur un redressement progressif en alliant une rigueur bien tempérée et le coup de pouce fiscal dont les occupants de Bercy sont les orfèvres. Pis, la perte de crédit de l'État français, en ce sinistre automne de 2011, nous expose à payer bientôt des intérêts prohibitifs pour le refinancement de la dette. L'horizon est bouché. Alors, de deux choses l'une. Ou bien on accepte une politique non plus de rigueur, mais de démantèlement partiel de la structure publique, y compris de celle qui exerce les fonctions régaliennes, ou bien on trouve des solutions financières innovantes pour maintenir au moins l'essentiel de notre capacité étatique. Au-delà du drame des finances publiques, c'est la continuité d'un État, vieux de huit siècles, et de l'autorité qu'il exerce qui va se jouer dans les mois et les années à venir.

Nous imaginons trois types de réponse : la première consiste à convertir la dette à long terme, représentée par les obligations, en dette à durée indéterminée[7] ; la deuxième tend à s'appuyer sur la monétisation d'une fraction des dépenses nouvelles d'équipement et de recherche ; la troisième vise à obtenir le freinage ou la suppression de certaines dépenses insupportables.

La conversion de la dette ancienne en obligations à durée indéterminée aurait pour effet d'alléger les comptes publics du montant du capital à amortir, les intérêts restant dus tant que ce capital n'est pas remboursé. Il s'agit de se ménager un long répit de dix, quinze ou vingt ans, nécessaire pour tenter un redressement important de l'appareil de production et des comptes publics. Procédé qui n'est pas si préjudiciable aux prêteurs qu'il apparaît au premier abord. Il leur laisse espérer un retour à la solvabilité de l'emprunteur et les maintient dans leurs droits à percevoir des intérêts. Parmi les investisseurs institutionnels, les sociétés d'assurances pourraient être intéressées à conserver les titres convertis.

Simultanément, des bons du Trésor, pour le court terme, et des obligations à durée indéterminée, pour le long terme, seraient émis *directement auprès du public d'épargnants*, chose qui est aujourd'hui quasi interdite, en infraction manifeste avec les principes libéraux de la concurrence et d'accès des épargnants aux emprunts d'État, par la volonté des banques de s'assurer le contrôle de la dette publique. Des organismes comme les Trésoreries générales, la Banque Postale et les nouveaux établissements de dépôt procéderaient à cette émission auprès des contribuables et des déposants. Les épargnants français mais aussi les étrangers, à commencer par ceux des pays voisins, seraient invités à souscrire les nouveaux titres.

La monétisation de la dette a cessé d'être un sujet tabou depuis que les grands donneurs de leçons financières de Londres et de Washington procèdent sans scrupules à des rachats massifs des dettes anglaise et américaine. Mais nous n'entendons pas plaider pour un rachat des dettes anciennes par la nouvelle Banque centrale nationale responsable de l'émission monétaire : car le procédé, dit de «*quantitative easing*», mine le crédit à long terme de l'institution, on le verra sans doute un jour en Angleterre comme aux États-Unis. Nous plaidons à nouveau, en contradiction avec le procédé de *monétisation des dettes en aval* mis en œuvre à Londres et à Washington, pour *une monétisation en amont d'une fraction de la dépense nouvelle sous le contrôle du législateur*. Procédé transparent, annoncé par avance, ne relevant pas de décisions inopinées du banquier central. Chaque année, la loi de finances fixerait le montant des avances monétaires demandées à la Banque centrale pour répondre à des besoins définis, de l'ordre de 2 % ou 3 % du PIB, au maximum, couvrant une large fraction des dépenses de recherche publique et d'équipement civil et militaire. La nouvelle pratique reviendrait à étendre au secteur public le bénéfice de la création monétaire pratiquée par les banques commerciales dans le cadre de leur politique de crédit au secteur privé.

Enfin, ne craignons pas de réduire le montant des dépenses collectives. Il faut que des dépenses tombent, et dire lesquelles. D'innombrables postes de dépenses mériteraient un examen scrupuleux de leur utilité. Évoquons trois domaines prioritaires. Les fonds de cohésion structurelle européens d'abord, dont nous avons pu constater à quel point ils avaient été contre-productifs : coûteux pour le contribuable européen, tout en incitant les bénéficiaires à la facilité de dépenses financées par d'autres, leur suppression serait un bienfait. Les dépenses de fonctionnement des collectivités territoriales, ensuite, occasionnées par un recrutement incessant qui a ajouté 600 000 emplois entre 1998 et 2009 inclus. Les régimes des retraites enfin, accablés par le vieillissement démographique et la perte de cotisants dans les entreprises, devraient se résoudre à ne plus verser que le montant correspondant à leurs recettes, frais de fonctionnement déduits, au prorata des droits acquis par les pensionnés.

LA NOUVELLE POLITIQUE INDUSTRIELLE

On ne trouve plus grand monde pour soutenir la thèse plaisante de la société post-industrielle[8]. « Pas d'avenir sans industrie » semble être même devenu, bien tard, le nouveau mot d'ordre des observateurs et des analystes de l'économie. Le retour à la réalité, réconfortant, laisse entier l'énoncé du problème des moyens disponibles pour réindustrialiser la France.

Le moment d'ouvrir le débat interdit sur le libre-échange inconditionnel et la protection commerciale est arrivé. N'en déplaise à notre compatriote Pascal Lamy et à ses coéquipiers, il a cessé d'être un débat hexagonal, tout juste bon pour les représentants de la France frileuse. Une majorité d'Allemands, d'Italiens et d'Espagnols se déclarent favorables à une protection commerciale européenne, comme une majorité de Français[9]. Ce tournant de l'opinion publique, qui prend à contre-pied le débat officiel, illustre la maxime chère à Emmanuel Todd, pour qui, dans toute question de fond, «ce sont les dirigeants qui comprennent les derniers». Ouvrons le débat sur le libre-échange, durant la campagne et après elle[10].

L'autre question de fond qu'il faut soulever, à la lumière des nouveaux dégâts infligés par la «grande récession», est celle du maintien des *filières de production*. La contraction des emplois industriels s'est poursuivie durant les trois derniers exercices, malgré une rémission partielle de la crise des secteurs concernés. Les nouveaux gains de productivité, imposés par la compétition et la nécessité de la survie au milieu de la tourmente, ont empêché toute création nette d'emplois. Mais il apparaît surtout que de nombreux emplois ont continué de disparaître, même dans la période de reprise couvrant 2009 et 2010, du fait de l'affaiblissement des filières de production.

L'existence de filières de production dans l'automobile, l'énergie, l'aéronautique, les transports ferroviaires est reconnue de longue date. La filière nucléaire comporte des centaines de fournisseurs d'équipements qui, point à noter, servent les producteurs d'énergie nucléaire, mais aussi d'autres secteurs. La filière aéronautique et spatiale française, deuxième au monde après la filière américaine, est riche aussi de centaines d'entreprises de toutes sortes installées en Europe et aux États-Unis, où elles livrent Boeing et Lockheed, et qui, elles aussi, travaillent pour d'autres donneurs d'ordres que les constructeurs d'aéronefs. La filière automobile, fragilisée par la récession, comporte encore des équipementiers comme Michelin, Valeo, Faurecia, Plastic Omnium, qui prospèrent grâce aux commandes de quelques grands constructeurs allemands placés en position de force sur différents créneaux. Même dans le secteur pharmaceutique, une filière s'amorce, avec la sous-traitance d'une partie de la recherche à de petits laboratoires innovants, en amont, et la coopération, en aval, avec des *start-up* spécialisées dans les tests de viabilité et de conformité des médicaments.

Tout cela revient à dire que la consolidation des entreprises ne peut se concevoir indépendamment de leur insertion dans une filière maintenue. Il suffit qu'un fournisseur ou un client important disparaisse ou se délocalise pour que d'autres entreprises qui étaient leurs clients et leurs fournisseurs soient menacées de disparaître à leur tour. On saisit ici les limites d'une théorie étroite de la compétitivité qui fait reposer l'avenir des entreprises sur leurs seules ressources intellectuelles et financières. Et l'on comprend que la nouvelle politique industrielle française, si nécessaire, doit s'appuyer sur un inventaire préalable des filières encore viables, sous réserve de certains efforts à accomplir.

Trois points restent alors à soulever.

La faiblesse capitalistique des entreprises françaises en premier lieu, qui handicape leur développement. Les nouvelles entreprises françaises ont le plus mauvais résultat en Europe sous l'angle de la création d'emplois. Nous croyons pouvoir avancer que la faiblesse de leurs ressources financières y est pour beaucoup. Faiblesse qui se décline en termes à la fois quantitatifs et qualitatifs, avec des montants de capital insuffisants mais aussi avec des actionnaires trop peu fidèles et présents auprès des managers. Nous manquons tout spécialement d'entreprises familiales performantes. *Là où l'Allemagne dispose de deux entreprises de ce type, la France n'en dispose que d'une.*

Où sont les remèdes ? Premier remède, le Fonds stratégique d'investissement (FSI), financé par la Caisse des dépôts, qui depuis trois ans a apporté un soutien souvent salutaire à quelque trois mille entreprises françaises. Nicolas Sarkozy, bercé par les sirènes néo-libérales, a su cependant réagir en créant, sans le dire explicitement, une banque d'affaires de statut public, pour pallier la disparition de fait des banques d'affaires traditionnelles et le nombre insuffisant d'actionnaires puissants. Le FSI envisage d'élargir son intervention à mille deux cents autres sociétés d'ici à la fin de 2013. Deuxième remède, l'action des collectivités territoriales qui ont, elles aussi, cherché à soutenir un tissu industriel trop dénué de moyens financiers. Troisième remède potentiel, la création de fonds d'investissement privés, dédiés à la prise de participation au capital des entreprises, création assortie d'une condition de durée de l'investissement et de l'interdiction de jouer de l'effet de levier de l'endettement. Quatrième remède, à la discrétion du politique : une reconfiguration de l'actionnariat, que nous avons déjà plaidée, réservant les droits de vote aux actionnaires engagés, pour plusieurs années, par un pacte les liant à l'entreprise.

La subordination excessive des fournisseurs de l'amont vis-à-vis de la grande distribution. Toutes les tentatives législatives pour renforcer la position des fournisseurs ont échoué. On peut imaginer et appliquer deux innovations en la matière. En premier lieu, l'interdiction des marques de distributeur qui concrétisent une forme d'usurpation du travail des fournisseurs concernés. En second lieu, la distribution sélective, bien connue des juristes spécialisés, mais dont la légitimité n'a pas été reconnue comme elle devrait l'être par les législateurs français et européens. Elle autorise en effet le fournisseur à réserver ses produits aux clients respectant sa marque et des prix d'achat rémunérateurs.

La protection contre la contrefaçon, le piratage, l'espionnage industriel[11]. La compétition internationale tourne à une sorte de guerre économique depuis une décennie, sous l'effet de deux facteurs sans lien entre eux, l'impérialisme économique chinois et la fragilité des systèmes informatiques. Jamais les trois infractions économiques représentées par la contrefaçon, le piratage et l'espionnage de la stratégie des entreprises n'avaient atteint un tel degré. L'OMC reste inerte devant leur déferlement, pour se cantonner à un rôle d'officine de propagande en faveur du libre-échange, alors que la lutte contre ces infractions figure dans son traité fondateur signé à Marrakech en 1994. La France doit, à tout le moins, pouvoir s'associer à quelques partenaires européens pour fonder une sorte d'Interpol de lutte contre ces pratiques prédatrices et s'appuyer sur un arsenal de répression incluant des représailles commerciales contre les pays qui en sont les auteurs ou les complices.

*

Ces dernières considérations et propositions resteraient insuffisantes sans la prise de conscience de la défaillance de l'Europe qui en forme le contexte. La politique industrielle a été bannie de l'agenda européen. La doctrine de la concurrence implique une liberté de circulation de capitaux et des marchandises qui favorise les raids contre les entreprises cotées, fait obstacle à une coopération formelle entre les sociétés et leurs actionnaires, interdit les représailles contre les entreprises et les États voyous. Une nouvelle politique industrielle ne pourra voir le jour, en France et en Europe, sans que les États signifient l'abandon formel de la doctrine. Voilà le dernier message susceptible d'être adressé à l'hôte de l'Élysée qui prendra ses fonctions au printemps. À moins que des événements exceptionnels viennent, d'ici là, bouleverser le paysage institutionnel de l'Europe. *Who knows ?*

Chapitre VI

AUX SOURCES DE L'ÉCHEC, L'ORGANISATION NÉO-LIBÉRALE

Que l'échec des politiques de relance des années 1970 ait débouché sur une bifurcation historique des économies occidentales, encore maîtresses de l'essentiel de la production et des échanges, constitue un sujet en soi. Cet échec n'appelait pas, par lui-même, une reconfiguration d'ensemble du dispositif économique, monétaire et financier. Autant un changement de politique économique et sociale s'imposait, pour apurer les excès de cette période, autant le changement de paradigme dont nous avons été les acteurs ou les témoins ne relevait pas de l'évidence. Les dirigeants politiques auraient pu se satisfaire de certains changements essentiels mais limités, ouvrant la voie à une dynamique autre que celle consistant à doper indéfiniment la demande et à se reposer aveuglément sur la capacité des grands groupes à gérer la production. Évoquons brièvement, pour mieux faire comprendre le propos, le changement de politique, en forme d'aggiornamento, qui eût suffi à recadrer le système des Trente Glorieuses.

LA BIFURCATION DES ANNÉES 1980

L'impératif premier consistait à corriger une distribution salariale devenue trop généreuse, qui dictait le rythme de l'inflation et minait secrètement les comptes des entreprises. Il a fallu environ une décennie pour admettre l'anomalie d'un excès des rémunérations, il est vrai difficile à concevoir même par ceux qui ne souscrivent pas à la thèse marxiste de l'exploitation du travail par le capital. Les salaires octroyés, conformément aux décisions des employeurs ou aux négociations collectives conclues avec les syndicats, devaient, pensait-on, correspondre à la productivité et à la qualité du travail mobilisé par les entreprises. Or on distribuait trop ou, ce qui revient au même, trop tôt. Pour que la chose s'impose avec la force de l'évidence, il a fallu que soit mis fin au régime de l'argent à bon marché. En effet, tant que les entreprises ont pu jouer sur des conditions d'emprunt à des taux inférieurs à ceux de la hausse de leurs prix de vente, elles ont quelque peu compensé la surcharge salariale et pu maintenir un taux de profit encore convenable. Mais quand elles ont dû, à la fin de la décennie, payer à nouveau un vrai prix pour l'argent emprunté, la chute de leurs profits les a contraintes à comprimer leur masse salariale en limitant les effectifs et en décélérant les rémunérations[1]. Tous les pays industrialisés ont alors, de différentes manières, procédé à ce réajustement des coûts du travail.

Le deuxième impératif conduisait à admettre le rôle moteur des entreprises et à reconnaître à leurs dirigeants le statut de véritables animateurs de l'économie. Il est vrai qu'aujourd'hui, l'expression représentative de la nouvelle conception — « l'entreprise créatrice de richesses » — a dégénéré en stéréotype, tandis que les abus financiers des dirigeants ont tendu à se multiplier, et qu'ainsi la tentation est devenue forte de rejeter cette formule comme l'incarnation de la propagande néo-libérale. C'est pour nous une raison supplémentaire d'insister sur la nécessité de la renaissance théorique et pratique de l'entreprise et de l'entrepreneur, en réaction aux facilités de la fin des Trente Glorieuses. La prospérité avait fini par engloutir l'entrepreneur ou, au mieux, l'avait affublé des oripeaux d'un terne gestionnaire. Sa résurrection, quelque dix années plus tard, a permis à l'entreprise de réapparaître comme une entité active du développement, de se présenter en lieu de l'innovation par excellence et de réclamer de la puissance publique un traitement fiscal et réglementaire moins défavorable. Cette résurrection nous semble au demeurant s'être opérée une fois pour toutes, et la crise en cours, dont nous n'avons pas caché la gravité, ne devrait pas remettre en cause l'acquis historique qu'elle constitue. Elle procède en effet d'un double mouvement : d'un côté, le retour à la réalité de la production qui s'appuie plus que jamais sur l'initiative et l'innovation et, d'un autre côté, le recentrage historique des sociétés contemporaines vers les valeurs du moi, qui place l'individu au cœur de leur vision d'elles-mêmes. Dans la société d'individus, la figure de l'entrepreneur tend à perdre sa singularité pour incarner, dans son champ d'action, une forme archétypale de l'individualisme contemporain.

Le troisième impératif ne coule pas de source. Le mot «déréglementation» a pris aujourd'hui la tournure d'un tic verbal. On l'applique indifféremment, avec une connotation positive ou négative, à tous les domaines de la vie économique. Mais, de ce fait, on efface l'ambivalence de la chose. Elle met en jeu deux dispositifs différents, l'un concernant la production proprement dite, l'autre, les transactions financières et les échanges internationaux. Jusqu'à la fin des années 1970, les économies occidentales, libérales dans leur principe, connaissaient cependant un haut degré de réglementation ou de contrôle administratif. Les États-Unis eux-mêmes avaient placé de nombreux secteurs de la production courante sous la tutelle de leur bureaucratie publique : transports aériens, transports routiers et ferroviaires entre les États, téléphone et communications, rémunération des dépôts monétaires et d'épargne, presque toute l'activité agricole, presque toute la distribution du gaz et de l'électricité, la distribution et le traitement des eaux[2]. La déréglementation ultérieure qui a privatisé ou libéré du contrôle administratif ces différentes activités peut être qualifiée de déréglementation de la *production* destinée à stimuler une concurrence passablement inhibée. Ce mouvement a connu par la suite au moins trois échecs retentissants : la faillite des *Savings and loans* en 1989, imputable à une concurrence suicidaire pour attirer l'épargne des ménages américains en leur offrant des taux de rémunération disproportionnés, les déboires consécutifs à la privatisation des chemins de fer britanniques et l'inflation des prix de l'énergie en Angleterre et aux États-Unis, du fait des ententes qui se sont formées entre les opérateurs privés ou privatisés. Il demeure que la remise en cause des chasses gardées anciennes, que la tutelle publique protégeait, restait légitime dans son principe, toute la difficulté reposant sur son exécution. Elle tendait à aligner les secteurs protégés sur les secteurs naturellement concurrentiels, avec l'espoir d'une efficacité accrue, sans prétendre créer un « big bang » économique. C'est pourquoi il convient de la mettre à part de cette autre déréglementation qui a fait bifurquer le système économique en Occident : la déréglementation *financière et commerciale*, d'où procède ce que nous nommons l'organisation néo-libérale.

En se ralliant à cette deuxième forme déterminante de déréglementation, les dirigeants politiques se sont laissé embarquer dans un voyage au long cours vers une destination que ni eux ni les populations ne pouvaient identifier. Sous l'impulsion, voire la pression, des acteurs financiers, ils ont aidé à s'installer, par étapes, toute une organisation échappant à leur autorité, pour, trente années après les débuts de l'expérience, se retrouver ses otages et placés devant le dilemme consistant soit à pratiquer la fuite en avant, ce qu'ils ont fait ces cinq dernières années, soit à lui substituer une nouvelle organisation à laquelle ils n'ont guère réfléchi.

Trente ans déjà, trente ans déjà au moins que la bifurcation a commencé. Une bifurcation qui a été diversement vécue selon les pays et les couches socio-économiques. Elle s'est appuyée en Angleterre et aux États-Unis sur des changements substantiels d'orientation politique, incarnés par Margaret Thatcher et Ronald Reagan. On peut ainsi dire qu'elle a été placée sous l'égide des autorités publiques dans ces deux pays. Mais la conversion aux options néo-libérales, plus ou moins volontaire et plus ou moins assumée, des autres nations occidentales, sans forte incarnation au sommet de l'État, signifie *a contrario* que le mouvement a débordé du champ politique au sens usuel du mot. Proclamé dans le monde anglo-américain, il a été entériné et accompagné un peu partout ailleurs, tout particulièrement dans cette Europe continentale qui a perdu, avec l'expérience néo-libérale, son identité présumée et sa raison d'être institutionnelle. Il a englobé au moins ces pays européens qui ont échappé à la camisole soviétique, sinon la Russie elle-même. Mais autant on doit reconnaître sa tendance à l'universalité, du moins dans la sphère occidentale, autant on doit admettre l'insatisfaction que procurent les analyses qui l'ont escortée jusqu'à ce jour. Toutes ces analyses tournent, ainsi qu'il a été dit, autour des idées de dérégulation et de déréglementation. Significatives pour les uns de victoire des faits et de la raison sur l'idéologie dirigiste ou étatiste qui aurait sévi dans l'après-guerre, elles représentent pour les autres le triomphe d'une idéologie contraire de subordination du politique aux intérêts prééminents des milieux d'affaires et de la corporation financière. Il nous semble possible, dans un sens quelque peu différent, de montrer comment, au-delà du constat factuel du recul de la règle publique et de l'action publique, on peut discerner et comprendre l'avènement d'une organisation complexe, dont les éléments se sont assemblés sans plan préconçu apparent. Cette organisation procède en premier lieu du surgissement de nouveaux acteurs et du choix d'un nouveau mode opératoire au sein des sphères économique et financière.

LES NOUVEAUX ACTEURS

Ils sont devenus familiers. Avec les scandales ponctuels qui ont émaillé la vie de quelques grandes banques, du type de l'affaire Kerviel, nous avons pu avoir à tout le moins un aperçu lointain de cette activité de *trading* qui s'est ajoutée aux métiers traditionnels de la banque. Avec les succès des créateurs de sociétés innovantes, dont Steve Jobs et Bill Gates ne sont que les exemples les plus saisissants, nous avons pris conscience de l'entrée en scène d'un type inédit d'entrepreneur, qui se veut représentatif de la troisième révolution industrielle. Avec les sociétés dédiées au financement des nouveaux risques pris par ces innovateurs, nous avons découvert un métier différent des métiers traditionnels de la banque commerciale ou de la banque d'affaires. Avec la grande crise de la dette privée aux États-Unis, en Angleterre, en Espagne et maints autres lieux, nous avons dû constater le rôle déterminant, et dangereux, du consommateur à crédit dans les économies développées. Avec la multiplication des fonds de placement, nous avons vu s'installer une forme d'épargne collective, reléguant l'épargnant proprement dit à un rôle passif, fort différent des bourgeois rentiers du passé. Avec les efforts consentis par les États pour stimuler l'initiative, l'innovation et attirer les talents et les investissements, nous voyons une sorte de reconversion de la puissance publique qui, dessaisie pour partie au moins de sa capacité normative, tente de trouver un rôle de substitution dans le nouveau concert économique. La nature de ces acteurs réclame des précisions.

La *banque universelle* d'abord, car telle est l'appellation que se sont donnée les banques commerciales à partir du moment où elles ont cumulé la collecte des dépôts, l'octroi des crédits et une activité continue sur les marchés financiers qui traitent les actions des sociétés cotées, les titres d'emprunts, les monnaies, les matières premières. Rien n'est moins banal que cet accroissement d'activité, décidé par les intéressées avec le consentement des États qui semblent n'y avoir vu malice. En premier lieu, l'activité de *trading* pour compte propre représente une sorte de service rendu à soi-même. Service à soi-même non comparable à celui que peuvent se rendre d'autres entreprises, quand elles décident de réaliser en interne des services qu'elles pourraient commander à l'extérieur. Le *trading* pour compte propre, pièce rapportée, ne sert pas aux autres activités de la banque. Son développement s'effectue sans qu'une *demande* soit adressée à la banque par ses partenaires économiques traditionnels, les déposants et les emprunteurs. En deuxième lieu, la banque universelle bénéficie du privilège dont disposent les banques commerciales sous la forme d'un accès aux guichets de leur banque centrale. Les crédits que la banque s'accorde à elle-même pour financer son activité de *trading* s'appuient ainsi sur cette faculté de refinancement dont la crise a montré le caractère crucial. Et la question aurait dû être posée tout au long de l'expérience de savoir pourquoi la mission d'intérêt général assignée aux banques centrales a inclus la mise à disposition de leur monnaie pour des activités *sui generis*, développées sans lien avec les besoins exprimés par les secteurs non financiers.

L'*entrepreneur californien* est venu ensuite modifier la perception ancienne du créateur et du développeur. Sa dénomination dit à elle seule beaucoup de choses. C'est un inventeur qui parie sur l'émergence d'un nouveau besoin à plus ou moins grande échelle à partir d'un produit nouveau. Mais s'il n'était que cela, il se coulerait dans la définition de l'entrepreneur « schumpétérien » tel qu'il se présente dans *La Théorie de l'évolution économique*. Il s'en sépare en fait sur deux points. Premier point : il s'appuie sur un financement d'un type particulier, ni bancaire ni capitalistique au sens classique du mot. L'entrepreneur californien ne démarche pas les banques commerciales ou d'affaires, il n'investit pas sa fortune personnelle ou celle de ses amis ou de ses proches. Il s'adosse à des «investisseurs providentiels» (*business angels* et sociétés de capital-risque) qui lui apportent une logistique financière et une aide managériale au moment crucial du décollage de sa société. Deuxième point : les contraintes de la fabrication matérielle lui répugnent. Il s'entoure d'un noyau de matière grise, ingénieurs, commerciaux, administratifs, et délègue l'exécution matérielle à l'extérieur, autant qu'il le peut. Dans cet état d'esprit, la délocalisation relève d'une démarche naturelle, une fois qu'ont été identifiés les entreprises sous-traitantes et les territoires offrant les meilleures conditions d'exécution à bas prix de produits visant d'emblée une diffusion de masse.

L'émergence de l'entrepreneur californien a produit des effets d'optique qui confinent à l'illusion. Il conduit à une minoration de l'importance des tâches d'exécution dans le processus de développement, minoration qui a ouvert la voie au leurre de la société «post-industrielle». Il tend à masquer la pérennité de l'entrepreneur plus classique, qui continue souvent de s'appuyer sur le crédit bancaire ou le capital de proximité, prend en charge d'importantes tâches de fabrication avec son effectif propre, travaille au sein d'une filière de production. Ces effets d'optique ont fait jouer à l'entrepreneur californien un rôle de faiseur de miracles et de producteur de mirages.

Les miracles résultent de la multiplication de valeurs financières pour le projet qui a réussi. Les mirages découlent de ce que la valeur ajoutée, souvent considérable, tend à migrer sous d'autres cieux que ceux de l'entreprise innovante. Andy Grove, créateur d'Intel, premier producteur au monde de semi-conducteurs, toujours fortement installé aux États-Unis, d'où il exporte en quantité, a dénoncé ce mirage responsable de ce que beaucoup d'Américains ont cru leur pays immunisé contre le chômage de masse par l'activité foisonnante de leurs secteurs *high tech* alors que les entrepreneurs concernés, qui entendent se décharger des contraintes de l'employeur, ne contribuent que de façon marginale à l'embauche des travailleurs locaux.

Les investisseurs providentiels regroupent des particuliers qui ont fait fortune en menant des entreprises au succès — les *business angels* — et les sociétés de capital-risque dédiés au soutien des entreprises à fort potentiel de profit. Ces partenaires naturels des entrepreneurs californiens ont pris un élan sans précédent durant l'expérience néo-libérale. Nous croyons à leur pérennité. Leur double rôle d'apporteurs de capitaux propres et de conseillers des créateurs et des développeurs d'entreprises est appelé à se prolonger au-delà de la période en cours. Mais la Grande Récession a relativisé leur action. Elle a montré leur inaptitude à entretenir et à soutenir des activités classiques qui doivent se renouveler par l'innovation et l'investissement sans offrir de perspectives de haut rendement. Et, de la sorte, les difficultés criantes des dernières années écoulées ont fait resurgir le besoin de partenaires financiers des entreprises, plus discrets et plus fidèles, des capitalistes au sens de Smith ou de Ricardo si l'on veut, qui investissent dans la production courante sans chercher de hauts rendements ou la gloire de la réussite médiatisée.

Les acheteurs débiteurs ont porté la lourde responsabilité de soutenir une prospérité de plus en plus artificielle en contractant des dettes croissantes, de moins en moins garanties par la force réelle de l'activité économique. L'image caricaturale qu'en ont donné les emprunteurs *subprime rate* aux États-Unis ne doit pas l'emporter sur le sens principal que revêt leur implication dans la marche d'ensemble de l'économie. Ils ont joué le double rôle de faiseurs de prospérité et d'inspirateurs d'optimisme et ont ainsi permis de croire à la dissipation des obstacles apparus après la fin des Trente Glorieuses. Les plus vulgaires de tous les acteurs de la période en ont été ainsi, d'une certaine manière, les plus représentatifs. Il suffit de forcer le trait en disant que le sacrifice qu'ils ont fait de leur solvabilité, et parfois de leur dignité, comme ces millions d'Américains et d'Espagnols jetés à la porte de leurs logements, a permis aux idoles de l'expérience, les *traders*, les entrepreneurs *high tech*, les génies de la finance, de l'illustrer sur un mode flamboyant, pour l'ébahissement des niais et la satisfaction des gouvernants que la prospérité à crédit maintenait dans un double confort matériel et intellectuel. Cependant, au lendemain de la fête, le retour aux pratiques aventureuses du surendettement semble exclu, et d'autant plus que, dans bien des cas, l'apurement des dettes excessives n'a pu avoir lieu. Les acheteurs débiteurs, tels que nous les avons décrits, ont cessé pour longtemps d'être le premier moteur de la prospérité.

Mais tandis que l'endettement des ménages battait son plein, les autres ménages, épargnants, confiaient de plus en plus à des fonds de gérants professionnels le soin de faire fructifier leurs avoirs. Le développement de l'*épargne collective*, sous la forme de fonds de pension, de fonds mutuels (ou Sicav) et de fonds spéculatifs, doit être apprécié sans préjugés. La recherche d'un rendement sûr et — ou — confortable semble consubstantielle à l'idée que l'on peut se faire de l'épargnant, en toute première analyse. La concentration des fonds épargnés aux mains de professionnels substitue à l'amateurisme du bourgeois d'antan la technicité et l'information de gestionnaires *ad hoc*. On pourrait l'entériner comme une manifestation de l'Histoire financière en marche si l'expérience n'avait démontré qu'elle nourrissait l'instabilité économique. À la différence des amateurs du passé qui plaçaient leur épargne de façon banale dans les emprunts d'État ou s'aventuraient sur le marché des actions ou des métaux précieux, les fonds d'épargne collective se font concurrence au jour le jour. Leur capacité à drainer l'épargne dépend de leurs performances respectives. Sauf cas d'espèce, leurs gestionnaires ne résistent pas à la tentation du risque pour obtenir les résultats qui attesteront de leurs talents. Les émetteurs de produits financiers qui leur font face ont ainsi des interlocuteurs qu'il faut mettre en appétit. La spéculation croissante que les marchés financiers ont connue s'est ancrée des deux côtés, représentés respectivement par les émetteurs d'actifs et leurs acheteurs en la personne des fonds de placement, des banques et des sociétés d'assurances. Et la façon dont les fonds d'épargne ont traversé la Grande Récession montre à l'évidence qu'ils s'inscrivent dans une durée que seule pourrait interrompre un krach général de la finance occidentale. On ne verra plus les bourgeois rentiers et les spéculateurs individuels dominer le monde de l'épargne. Mais, dès lors que le constat est fait, la question surgit de savoir s'il ne faut pas réexaminer les conditions de travail des fonds d'épargne collective. Il nous semble que c'est ici que la notion de transparence, si souvent réitérée, trouve sa pertinence. Le mur opaque qui sépare les gestionnaires des apporteurs de fonds doit tomber. Pour ce faire, il suffirait d'édicter la règle simple selon laquelle les souscripteurs reçoivent une information exhaustive et continue sur la qualité et le montant des créances achetées pour leur compte par la gérance des fonds.

Qui sont au juste ceux qu'on appelle les *États accompagnateurs* ? A-t-on jamais vu un État qui accompagne ? L'État dirige, oriente, fait la paix ou la guerre, investit, entreprend à la rigueur, fait la loi en tout état de cause. Il semble en réalité que l'État accompagnateur exécute des plans qui se forment en dehors de lui et subvient à des besoins qu'il n'a pas définis au préalable. Il peut prendre tant une forme positive qu'une forme négative. Sous sa forme positive, il met en place des plates-formes de travail et des types d'aides que les entreprises vont exploiter sur le territoire pour y effectuer des recherches ou développer des formations : d'où ces *clusters*, ou pôles de compétitivité, installés en des lieux privilégiés, aux abords des universités, pour créer une symbiose entre la matière grise publique et celle du privé ; d'où ces écoles initiées pour former de nouvelles compétences ; d'où ces aides à l'innovation et à la création d'entreprises qui ont foisonné depuis deux décennies dans nos contrées européennes ; d'où ces nouvelles infrastructures réclamées par les déplacements des marchandises et parfois des capitaux. Sous sa forme négative, il devient l'agent d'une sorte de moins-disant fiscal et social, qui vise à donner un avantage comparatif au territoire en réduisant la contribution des entreprises au-delà de ce que nécessite leur développement proprement dit : l'Irlande ou l'Estonie incarnent la formule de l'État « concurrentiel » qui s'efforce non pas seulement d'attirer les capitaux productifs et les talents mais aussi et surtout la valeur ajoutée par d'autres, état parasitaire donc mais qui répond ainsi aux vœux de toutes ces entreprises acharnées à réduire leur contribution au financement des besoins collectifs. L'Irlande ne tire de profit de ses règles fiscales et sociales si favorables que parce qu'elle vient à la rencontre des stratégies de General Electric et de grands laboratoires pharmaceutiques.

Les États parasitaires comme l'Irlande ou l'Estonie, qui illustrent une forme particulière de paradis fiscaux, mériteraient d'être sanctionnés. Ce sont des contre-exemples. Ils incarnent une illusion que le discours néo-libéral n'a cessé d'accréditer, celle selon laquelle les richesses se multiplient quand la fiscalité et la réglementation sont réduites au minimum et que les Trésors publics bénéficient des retombées de la prospérité, par l'effet d'un cercle vertueux qui ne rencontre jamais d'obstacle. Cette illusion demeure dans de nombreux esprits, malgré le révélateur de la crise, qui a mis à nu bien des préjugés. Elle démontre la force persistante d'une croyance néo-libérale que les faits ont écornée sans la ruiner dans les esprits.

LE NOUVEAU MODE OPÉRATOIRE

Cependant l'ensemble des acteurs, anciens ou nouveaux, s'inscrit dans un mode opératoire inédit qui crée un effet de contraste entre la «nouvelle économie» et l'économie des Trente Glorieuses. Mode opératoire qui tient en trois formules: déresponsabilisation du producteurs de prêts, double ouverture des frontières monétaires et financières, prédominance de l'acheteur sur le vendeur.

S'agissant de la titrisation des prêts consentis

par les banques, dont il a été tant parlé, il reste à souligner, sans épuiser le sujet, qu'elle constitue un cas d'école du lobbying et que sa portée morale dépasse peut-être sa portée économique et financière. On ne trouve pas trace d'une théorie économique ou financière en bonne et due forme concluant à sa nécessité. Les banquiers ont réussi un coup de force en convainquant les autorités publiques des avantages qu'il y aurait à permettre la titrisation à grande échelle. Avec des effets économiques mais aussi juridiques. Par suite de la titrisation, elles ont échappé au régime de la responsabilité édicté dans les codes civil, commercial et pénal. Lorsqu'une entreprise quelconque met sur le marché un produit de sa conception et de sa réalisation, elle encourt une responsabilité pour le fait d'un vice éventuel attaché à ce produit. S'il advient que ce produit, un pneumatique, un appareil ménager, un logiciel, un avion de ligne, au choix, comporte un danger pour ses utilisateurs, l'entreprise et ses dirigeants seront conduits devant les tribunaux au titre de leur faute et de la réparation des dommages qu'ils ont occasionnés, sans compter l'atteinte à l'image et à la réputation de la marque, synonyme de préjudice commercial. Ce régime cesse de s'appliquer aux banques et aux sociétés de crédit qui ont titrisé sans limites. Les prêteurs impliqués dans la distribution de crédits dits « toxiques », dans différents pays, ont échappé à toute forme d'incrimination judiciaire.

La libre circulation des capitaux, qui reste un sujet de prédilection pour la critique anticapitaliste, englobe différents phénomènes qui réclament plutôt l'examen que la diatribe. Les milieux d'affaires insistent, non sans raison, sur la nécessité de maintenir les territoires ouverts aux investissements productifs en provenance de l'étranger (IDE, selon la terminologie consacrée). Il leur faudrait cependant séparer le bon grain de l'ivraie. Nous devons constater une opposition logique entre les investissements productifs qui permettent aux entreprises d'avoir le meilleur accès possible au marché local (c'est ainsi que Toyota s'est installé à Valenciennes afin de démontrer à la clientèle française son souci de contribuer à la prospérité du pays) et ceux destinés à bénéficier d'un bas coût du travail malgré une forte productivité (c'est pourquoi Renault a méthodiquement délocalisé sa production française vers la Slovénie, la Turquie et le Maroc). Leur propos restera de propagande tant qu'ils n'auront pas repris à leur compte cette séparation, compréhensible dans son principe par tout un chacun. Mais la crise de ces cinq dernières années a mis en lumière, sujet nouveau, des faits discrets et déterminants liés à *la double ouverture des frontières monétaires et financières*.

La crise de la dette privée américaine, entre 2007 et 2009, donne la clef de compréhension de ce que nous voulons dire.

Elle a, en premier lieu, révélé l'importance des risques pris par les banques ou les compagnies d'assurances européennes sur les marchés du crédit et des produits dérivés au-delà de l'Atlantique. Il n'est pas de raisonnement valable pouvant justifier une exposition de cette nature. On ne saurait mettre sur le même plan les investissements des entreprises pour accéder à leur clientèle américaine, comme ceux réalisés par les constructeurs automobiles allemands et japonais et les fournisseurs français de la filière aéronautique, et l'achat de créances américaines (ou de paris sur ces créances) par les banques et les sociétés d'assurances du Vieux Continent. Les entreprises allemandes et françaises travaillant sur le sol américain s'y sont installées pour fournir plus commodément leurs acheteurs locaux et mettre à leur disposition des produits de caractéristiques différentes de ceux proposés par leurs concurrents directs d'outre-Atlantique : elles agissent en vendeurs. Les preneurs de risque du monde financier se placent en situation inverse d'acheteurs de créances ou de paris qui, de toute manière, auraient été acquis, sans leur entremise, par les opérateurs financiers locaux. Tandis que les uns suivent la demande qui leur est adressée, les autres détournent la demande locale pour élargir leurs activités de placement. En l'absence de cette distinction essentielle, l'invraisemblable contagion de l'Europe continentale par le virus hypothécaire américain resterait un sujet d'incompréhension. La liberté d'établissement de la finance européenne dans l'espace américain, assortie de la volonté d'y écrémer les plus-values sécrétées par le système local, est au fondement de plusieurs faillites majeures telles que celles d'UBS, d'Hyporeal Estate, de Dexia.

Mais cette liberté d'établissement a porté atteinte, en deuxième lieu, à l'étanchéité relative des espaces monétaires. Quand les banques européennes s'engagent sur le marché américain sous la forme qui a été décrite, elles travaillent avec des dollars empruntés sur place, y compris auprès de la banque centrale. Symétriquement, les filiales des banques américaines en Europe ont accès aux ressources du crédit et aux guichets des banques centrales du Vieux Continent. Il en résulte un système de créances et de dettes croisées qui solidarise les deux rives de l'Atlantique, d'une manière d'autant plus dangereuse que les parités des monnaies en jeu varient au gré du marché des changes. Cela explique que le marché interbancaire de l'euro ait subi, avant celui du dollar, la crise des paiements des acheteurs de logements aux États-Unis, par un blocage des transactions obligeant la banque centrale de Francfort à injecter le 9 août 2007 quelque 94 milliards d'euros : les banques européennes cessaient de se prêter les unes aux autres à partir du postulat que, exposées sur les marchés de la dette des ménages américains qui sentaient le soufre, elles pouvaient cesser leurs paiements d'un jour à l'autre. Et cela explique aussi par ailleurs, de manière symétrique, que les filiales des banques américaines en Europe aient, à l'occasion de la crise, transféré en catimini dans les comptes de la BCE, en contrepartie des liquidités mises à leur disposition, plusieurs centaines de milliards de dollars de créances issues du marché américain.

Au bénéfice de ces observations, nous comprenons mieux pourquoi l'euro ne pouvait être un bouclier, d'abord parce qu'il était miné de l'intérieur par l'hétérogénéité économique des pays membres, ensuite parce que les grands agents financiers de la zone s'étaient engagés sur des marchés lointains comme celui des États-Unis ou même de l'Australie. Il convient d'insister sur cette notion de *liberté d'établissement*, élément charnière de l'espace financier occidental, qui explique mieux l'imbroglio de ces dernières années que celle, trop générale, de liberté de circulation des capitaux. Les dirigeants politiques qui auront à rebâtir une organisation plus transparente et plus stable devront se prononcer sur son abrogation ou son encadrement, avec l'objectif de créer des espaces monétaires et financiers où les prêteurs octroient leurs crédits, pour l'essentiel, à des emprunteurs résidents de chaque espace, pour limiter la superposition des crédits et des monnaies et la contagion des risques qu'elle engendre.

Opposer un *marché de l'acheteur* à un *marché du vendeur* ne relève-t-il pas de l'absurde ? Le fonctionnement en continu du marché n'implique-t-il pas la nécessaire entente, au cas par cas comme dans la durée, pour les transactions individuelles comme pour la masse des transactions, du côté des acheteurs et du côté des vendeurs ? Certes, la théorie économique distingue à l'occasion le marché de l'acheteur et le marché du vendeur, mais dans une acception limitée qui ne porte pas à conséquence. Selon elle, il y a marché de l'acheteur lorsque, du fait d'une surabondance relative de la production proposée (par exemple quand les producteurs ont surestimé la demande potentielle), les acheteurs sont en mesure de profiter d'une baisse des prix inopinée ; il y a marché du vendeur quand se produit, inversement, un déséquilibre au profit des vendeurs (par exemple quand la demande excède les estimations préalables ou que la production disponible est rationnée, déséquilibre qui s'accompagne d'une hausse des prix). Mais cette présentation, conforme à bien des situations de fait, ne décrit pas une *configuration durable de l'économie*. Ainsi, un état de pénurie pour certaines matières premières ne peut pas ne pas entraîner des mesures correctives, comme l'ouverture de nouvelles mines ou le recours à des matériaux de substitution. L'épisode de pénurie se clôturera, au bout de quelques années, quand les mesures choisies auront donné les effets attendus.

Ce que nous voulons mettre en lumière est un basculement. Les Trente Glorieuses ont vu la prospérité simultanée du producteur et du consommateur, du vendeur et de l'acheteur. La fortune du keynésianisme en a découlé. La force croissante de la demande assurait aux vendeurs un écoulement aisé dans presque tous les cas. Bien que la chose n'ait pas été formulée de la sorte, on aurait pu avancer que l'économie fonctionnait sous un *régime structurel de marché du vendeur*. Les entreprises, pouvant escompter une demande proche, égale ou supérieure à leurs prévisions, travaillaient dans la sérénité du fait qu'elles ne couraient pas le risque de devoir abaisser leurs tarifs face à des acheteurs réticents ou exigeants. La concurrence ne s'exerçait pas, sauf cas d'espèce, sur le terrain des prix. Les gains de productivité, substantiels, pouvaient être distribués au monde du travail sans remettre en cause la profitabilité des vendeurs. La crise d'accumulation du capital, toujours ressassée par la vulgate marxiste, relevait d'un fantasme auto-entretenu par ses auteurs. En sens contraire, le processus schumpétérien de destruction créatrice s'exécutait en symbiose d'une production invariablement croissante de richesses.

Le passage au marché de l'acheteur s'est effectué d'une manière si graduelle qu'il est resté peu visible jusqu'à ces dernières années. Il résulte banalement de la mise en concurrence croissante des territoires de production sur le critère des coûts du travail et de la matière grise[3]. On s'est ingénié, dans les cercles néo-libéraux, à présenter cette mise en concurrence comme une manifestation de l'«évolution économique», tout en insistant sur les avantages que les consommateurs finaux retiraient de la nouvelle compétition. Mais cette présentation faussement candide a perdu en crédibilité au fur et à mesure que le mouvement s'est accentué. Une fraction croissante de l'opinion a compris qu'elle s'accomplissait sous la pression des actionnaires boursiers, désireux de voir les taux de profit s'élever et la valeur de leurs titres s'accroître bien au-delà de ce que les progrès antérieurs avaient permis, et qu'elle ouvrait des brèches croissantes dans l'emploi productif de tous les pays bénéficiant encore de bonnes conditions de rémunération et de protection sociale.

Simultanément, une fracture et une distorsion

se sont manifestées au sein de l'appareil de production dans les pays riches. La fracture s'est opérée quand les grands distributeurs, maîtres des débouchés de leurs fournisseurs auprès des acheteurs finaux, se sont mis à leur réclamer des baisses de prix de vente supérieures à celles qu'ils pouvaient consentir grâce à leurs gains de productivité. Les producteurs concernés ont alors été placés devant le dilemme de disparaître ou de réduire leurs coûts par la délocalisation partielle ou totale de leurs tâches de fabrication. Une première hémorragie d'activités et d'emplois s'est ensuivie. Toutefois la fracture s'est accompagnée d'une distorsion inspirée par les mêmes motifs. En parallèle aux grands distributeurs, les grands donneurs d'ordre de l'industrie, eux aussi à la recherche d'économies croissantes sur leurs prix de revient, ont suggéré ou intimé à leurs fournisseurs de s'établir dans des territoires conjuguant qualité de travail et basses rémunérations. Souvent, la chose s'est passée de la manière la plus simple, comme dans le cas de ces constructeurs automobiles européens qui, installés en Chine, en Iran ou en Turquie, pour y desservir le marché local, ont demandé à leurs fournisseurs de proximité de desservir aussi leurs unités de production en Europe, à des prix moindres que leurs fournisseurs du Vieux Continent.

C'est ainsi que s'est formé ce que nous appelons le marché de l'acheteur. Il ne résulte pas, pour l'essentiel, d'une prise de pouvoir du consommateur final, arbitrant en faveur des produits les moins chers mis à sa disposition, mais d'une action méthodique et continue conduite sous l'impulsion des directeurs d'achat des grands groupes. Personne ne doit se laisser abuser par le discours justificateur qui a jalonné l'expérience. Il s'est agi soit de réduire les coûts pour accroître les marges, soit de réduire les prix de vente dans le cadre d'une lutte exacerbée pour la conquête des parts de marché. Dans tous les cas, la visée ultime a été de renforcer la crédibilité de l'entreprise auprès de ses actionnaires.

Le nouveau dispositif a donné naissance à une nouvelle hiérarchie des fonctions dirigeantes au sein des groupes. Durant la période d'après-guerre, que nous avons interprétée comme celle du marché du vendeur, les directeurs du marketing et les directeurs commerciaux avaient pris le pas sur les directions techniques chargées des produits et de la production, sous l'impulsion desquelles s'était effectuée la première phase de la deuxième révolution industrielle. La prise du pouvoir prééminent par le marketing et le commerce a été l'une des marques du passage à une seconde phase. Au contraire, avec l'avènement du marché de l'acheteur, depuis trente ans environ, l'autorité de ces directions a dû composer avec celle, croissante, du couple formé par les directeurs financiers et les directeurs d'achat, fortement unis par leur mission conjointe d'embellir sans désemparer les résultats d'exploitation de leur entreprise. Car le mouvement ne connaît pour ainsi dire pas de trêve. Les avantages obtenus à un stade déterminé du mouvement ne sauraient en effet être considérés comme des avantages acquis. Dans le dialogue inégal qu'elles ont noué avec leurs actionnaires, les entreprises ont à démontrer qu'elles saisissent toutes les opportunités offertes par le jeu de la concurrence mondiale dans la bataille permanente pour la baisse des coûts qui est désormais au cœur des stratégies des sociétés cotées.

Cela dit, quid de l'« organisation » qui a encadré les acteurs et leur nouveau mode opératoire, quid *a fortiori* des raisons de sa défaillance ? Ce n'est pas chose aisée de la décrire et de la définir. Mais si cette tâche n'était pas accomplie, nous ne pourrions saisir la puissance cachée au cœur de l'expérience néo-libérale.

Comme toute organisation, celle qui nous régit présentement s'appuie sur des *institutions*, en l'occurrence des institutions diverses, prenant la forme d'organismes, tels que les banques centrales indépendantes des États, de procédures, telles que celles définies par « gouvernement d'entreprise », et de conventions, telles que celle, suprêmement importante pour notre affaire, de la liquidité des marchés financiers.

LES ORGANISMES

Les *banques centrales indépendantes* prises au dépourvu par les effets déstabilisants de la Grande Récession se livrent aujourd'hui à une débauche d'efforts qui les place en infraction aux prescriptions de leur cahier de charges. Leurs dirigeants n'ont plus que faire de la surveillance des tensions inflationnistes, de l'évolution des masses monétaires, de la solvabilité des débiteurs. Du côté américain, ils se battent pour impulser la création d'emplois qui comblerait l'hémorragie subie à l'occasion de la Grande Récession; du côté européen, ils multiplient les soins palliatifs aux banques commerciales menacées de cessation de paiement. La question de savoir pourquoi ils en sont réduits à cette politique d'acharnement thérapeutique n'a pas été posée au centre du débat sur «la crise». Le statut d'indépendance des banques centrales est mis en cause dans les mêmes termes qu'auparavant, du moins dans un pays comme le nôtre. On se bat toujours autour du principe: faut-il que les banques centrales soient indépendantes des États ou non? Plus précisément encore, faut-il ou non changer les statuts de la Banque centrale européenne pour que les gouvernements puissent faire prévaloir leurs exigences économiques et financières auprès de ses dirigeants?

Or, la crise économique et financière a entièrement réécrit l'énoncé de la question. Cette crise n'a pas surgi au terme d'une phase de resserrement monétaire et de restriction des crédits accordés aux économies, mais, au contraire, de générosité à tous les échelons du système de crédit, que ce soit aux États-Unis, au Royaume-Uni ou en Europe continentale. Le laxisme conjoint des banquiers commerciaux et centraux porte la responsabilité centrale du séisme. Les détracteurs du statut d'indépendance des banques centrales seraient bien inspirés de changer l'angle de leur critique et de dénoncer comment celles-ci, au lieu de respecter un devoir de prudence, ont accompagné, voire encouragé les errements du système de crédit. Les clauses formelles inscrites dans les statuts ont été contredites par la politique monétaire de leurs dirigeants. Et l'on pourrait soutenir raisonnablement que s'ils avaient été soumis à la tutelle des gouvernements, ils n'auraient peut-être pas commis autant d'excès, ou alors d'une autre nature.

L'expérience nous l'a enseigné, quand les banques centrales ne sont plus soumises à la tutelle des États, elles tombent sous l'influence des banques et des marchés financiers. Si elles se sont rangées à des choix de politique monétaire laxiste, c'est pour suivre leurs grands partenaires dans leur fuite en avant, tandis que les gouvernements convertis au mythe de l'autorégulation les laissaient entériner les dérives du système financier. De ce fait, on doit considérer la collusion des banques centrales et des marchés financiers comme un aspect majeur de cette expérience et comme une pièce maîtresse de son organisation spécifique. Le pouvoir de régulation monétaire propre à l'institution qu'est la banque centrale s'est déployé au profit de la croissance des marchés financiers. C'est là la plus forte des raisons à l'appui d'une remise en cause du statut formel d'indépendance, comme nous l'avons plaidé au chapitre « Pour un nouveau système bancaire », mais au sein d'un système de financement revu et corrigé de fond en comble.

Si les banques centrales indépendantes fournissent l'exemple d'établissements publics soustraits à la supervision étatique, les *agences de notation* se singularisent à l'inverse par leur statut d'entreprises privées dotées de pouvoirs de régulation publics, qui plus est à l'échelon international. Savoir comment de « simples » entreprises privées ont pu accéder à ce stade de pouvoir privilégié, supérieur à celui des États et des organismes internationaux, voilà la question primordiale. Car à l'origine, elles constituaient des sociétés de conseils financiers se chargeant, pour le compte des épargnants, d'évaluer les risques des placements dans les titres émis par les entreprises cotées. Jusqu'à ce jour de 1975 où le Congrès américain, craignant de voir se multiplier les agences de ce type, a voulu encadrer leur action par une loi spécifique leur conférant un privilège public de notation. L'expérience néo-libérale proprement dite était alors encore dans les limbes. On peut s'étonner rétrospectivement de voir les autorités américaines organiser un oligopole, en contradiction formelle avec la tradition américaine de lutte contre les ententes et les trusts. Quoi qu'il en soit, leur intervention, décisive, a assis la suprématie des agences qui ont pu ensuite profiter du mouvement de « titrisation » pour changer l'échelle de leur activité. En effet, soucieuses de rendre crédibles les prêts qu'elles rejetaient sur le marché du crédit, les banques se sont associées aux agences de notation pour confectionner la titrisation et offrir d'emblée aux prêts concernés l'équivalent d'un label ou d'une norme de qualité.

Mais l'opération s'est doublée d'un renversement de situation. À partir de ce moment, ce sont les emprunteurs qui ont payé la facture de leur notation par les agences qui, dans leur métier initial, vivaient des honoraires des fonds d'épargne qu'elles conseillaient. Les agences de notation ont changé de dimension et de nature pour acquérir un pouvoir que ni l'opinion ni les politiques ne soupçonnaient aussi fort. Ce faisant, elles ont fourni un nouvel élément constitutif de l'organisation néo-libérale conduite sous l'égide de l'autorégulation. Nous croyons possible de décrire leur rôle comme celui de *super comptables* indépendants chargés de superviser la qualité des émetteurs sur les marchés financiers. Super comptables en ce sens qu'ils combinent l'expertise du comptable classique qui évalue la qualité des comptes de l'organisme concerné et l'expertise de la force des économies nationales où agit cet organisme. Les agences de notation sont présumées savoir si une entreprise est bien orientée et gérée, si ses marchés de référence sont solides et si les économies où elle évolue sont saines.

Autant dire qu'un préjugé de compétence sans précédent a entouré le développement de leur action. Des inconnus, car jamais ils ne sont apparus en public, se sont emparés d'une autorité d'une forme spéciale, entièrement justifiée par l'idée qu'il existait un *lieu* où l'on pouvait comprendre la marche des entreprises, la qualité de gestion des États, l'avenir économique des nations. Chose inimaginable que l'expérience a pourtant vu s'accréditer et s'installer. Et ce n'est qu'à l'approche du dénouement que la prise de pouvoir par les agences de notation avoue sa nuisibilité. Comme leur travail n'a permis de prévenir ni la crise asiatique et russe, ni les grandes faillites de sociétés cotées en 2001, ni la débâcle du crédit hypothécaire américain, ni la fragilité des dettes souveraines en Europe, il n'est plus permis aux États et aux populations de leur accorder leur propre confiance. Leur procès doit être ouvert, pièces en main, sans se tromper de chef d'accusation : si elles multiplient aujourd'hui leur action de décote des dettes des États et des banques, c'est au lendemain d'une période qui les a vues s'accommoder de la négligence des uns et de l'imprudence des autres. Les maîtresses d'école ont trop bien noté leurs mauvais élèves.

Maintenant, les États ont à décider de leurs relations avec les agences de notation. Doivent-ils s'en accommoder encore, doivent-ils leur substituer de nouvelles agences, comme cette agence publique européenne, dont le projet a été avancé après l'éclatement de la crise des dettes souveraines en Europe? Mais pourquoi une agence publique serait-elle plus éclairée qu'une agence privée? Ne serait-elle pas placée au cœur d'un conflit d'intérêts au moment de noter les emprunts des États qui l'ont créée et des entreprises ou des banques qui ont leur siège sur le territoire de ces États? Ces questionnements nous poussent à reprendre de fond en comble le problème à partir de deux principes simples. Le premier de ces principes voudrait que le crédit des États, dont on sait désormais la fragilité, soit testé directement auprès des particuliers, soit résidents sur le territoire, soit non résidents : ainsi serait rétablie la liberté d'accès des épargnants aux titres de la dette publique nationale ou étrangère, ainsi les États emprunteurs auraient-ils à instaurer un dialogue avec les détenteurs physiques de leurs titres de dette. Le deuxième consisterait à disposer que la majorité des dettes privées, non conservées dans les comptes des organismes de crédit, et circulant par voie de conséquence sur les marchés, seraient évaluées par de nouvelles agences de notation, agissant pour le compte des *prêteurs*, qui envisagent d'acheter les titres correspondants. Dans un tel dispositif, le devoir de prudence l'emporterait, avec le risque de voir les dettes traitées sans bienveillance, somme toute bien préférable à celui de les voir surévaluées comme elles l'ont été depuis vingt ans.

LES PROCÉDURES

On aurait été bien avisé de renoncer à traduire «*corporate governance*» quitte à en expliciter le contenu. Car le gouvernement d'entreprise n'est pas un gouvernement. La notion de gouvernement renvoie à un dispositif politique qui repose sur la séparation entre le souverain et l'exercice par les dirigeants politiques de leur responsabilité propre. Séparation aujourd'hui claire dans l'esprit du public après une longue maturation, mais qui ne peut s'appliquer à l'entreprise qu'au prix d'un détournement de sens.

La nouvelle économie qui s'élance à partir du XVIIe siècle repose sur un «mythe fondateur[4]», celui de la propriété des actionnaires. Mythe fondateur, mythe trompeur. Car depuis les origines l'entreprise constituée sous forme de société par actions n'a cessé d'osciller entre deux types de détention de son capital : une détention concentrée entre quelques mains — les actionnaires de référence — et une détention disséminée au sein d'un large public que l'on trouve aujourd'hui dans les bourses sur tous les continents. Jusqu'à une date récente, il était entendu que les grands actionnaires disposaient d'un véritable pouvoir de nommer, de superviser et d'évincer les dirigeants, en vue de la pérennité et du développement de l'entreprise, tandis que les petits devaient se satisfaire de droits financiers, les dividendes versés et les éventuelles plus-values affectant leurs titres.

Or, depuis une vingtaine d'années, le mythe fondateur a été réactivé avec la prétention de lui donner substance, à partir de la prise de conscience que les managers pouvaient abuser de la confiance qu'on leur accordait. Durant les Trente Glorieuses, et encore quelque temps après, les managers avaient atteint un stade de toute-puissance dangereuse dans toutes les sociétés dont le capital était disséminé. Puissance dangereuse que différents scandales, surgis aux États-Unis, au Royaume-Uni, voire en Europe continentale, ont fini par dévoiler. Les scandales montraient qu'on ne pouvait plus s'en tenir au postulat selon lequel les managers, étant les « agents » des actionnaires, s'efforçaient en toutes circonstances d'orienter et de gérer l'entreprise en conformité avec leur intérêt bien compris. Les managers échappant à tout contrôle pouvaient se révéler destructeurs de richesses matérielles et de valeurs boursières.

Mais comment faisaient les managers des sociétés concernées pour se soustraire à une supervision extérieure ? Ils s'appuyaient sur le fait que le président nommé formellement par les actionnaires pouvait s'entourer à sa convenance de personnes choisies par lui, devenant ainsi ses obligés. Faute d'une séparation entre le pouvoir de gestion d'un côté, et une représentation en bonne et due forme du capital, de l'autre côté, la connivence régnait au sein des conseils. C'est à cette trop commode organisation que le *corporate governance* s'est attaqué aux États-Unis, en Angleterre, aux Pays-Bas, en Allemagne. Différentes lois ont fait obligation de distinguer entre le management proprement dit et des administrateurs chargés de surveiller leur gestion. Fait remarquable, la France a refusé d'emboîter le pas, pour s'en tenir à des codes de bonne conduite qui n'ont trompé personne dans le monde des affaires. Dans notre pays, la séparation des deux entités, capitalistique et managériale, a été écartée sous la pression des grands chefs d'entreprise et des banques. Elle n'est effective que là où demeure un capital familial puissant et responsable, comme la compagnie Michelin ou le groupe Peugeot.

Mais l'essentiel ne tient pas à la singularité française qui protège les dirigeants autocrates. Il réside dans le fait que le *corporate governance* n'a pas surmonté les contradictions de la société par actions. La forte distinction entre les managers *executive officers* et les représentants du capital *non executive officers* que fait la loi américaine, en exigeant que les seconds n'aient aucun lien de parenté ou d'intérêts avec les premiers, n'a pas fait obstacle à de nouvelles dérives qui ont culminé avec les seize grandes faillites frauduleuses qui ont été au cœur de la crise boursière de 2001. Dérives et faillites qui nous renvoient à l'énoncé d'origine du problème. Ce n'est pas que la distinction soit sans fondement, bien au contraire, ce n'est pas qu'elle constitue un leurre destiné à faire diversion, c'est que *la question centrale se situe ailleurs, dans la présence ou dans l'absence d'actionnaires de référence*. Là où ces actionnaires sont présents, la distinction juridique épouse la séparation économique des rôles du propriétaire du capital et du dirigeant managérial. Là où ils sont absents, les managers et les représentants présumés des actionnaires finissent par se retrouver en situation objective de connivence.

Avec, il est vrai, un changement majeur dans la visée de cette connivence, à partir du nouveau credo de la création de valeur pour l'actionnaire. Soumis à l'impératif de valorisation des titres de la société, les managers s'évertuent, avec la bénédiction du capital siégeant à leurs côtés, à réduire les coûts, en externalisant les tâches, au risque de perdre certains savoir-faire, en centrant la stratégie de l'entreprise sur son corps de métier, au prix de l'abandon de marchés à la concurrence, et même en sacrifiant une part de la R & D. Les managers cessent d'être considérés comme infaillibles, mais ils ont à déployer un activisme de tous les instants pour arracher de nouveaux gains financiers que les actionnaires ont littéralement préemptés.

Les grands domestiques du capital qu'incarnent souvent, dans le *corporate governance*, les managers, connaissent cependant une revalorisation sans précédent de leur situation financière. À des salaires décuplés s'ajoutent les fameuse primes ou «bonus». L'opinion reste désarmée devant ce phénomène que, justement, le contrôle des actionnaires par le *corporate governance* devrait permettre de juguler. C'est là l'une des pierres de touche qui révèlent l'ambiguïté de l'institution. L'exigence de rémunération des managers forme la contrepartie de la promesse explicite de création de valeur pour l'actionnaire. Un troc s'établit entre les parties prenantes: dopage de la valeur des titres pour les représentants du capital, rémunérations indues pour les managers. Il est permis de dire que le gonflement surprenant des salaires des dirigeants fait corps avec l'expérience du *corporate governance*. Les journalistes et les politiques qui incriminent ces pratiques feraient mieux de réclamer un nouveau dispositif permettant de mettre fin au troc malsain qui est à leur fondement.

La crise des dettes souveraines en Europe aura eu différents mérites, dont celui de révéler à un large public la dépendance réciproque des États et des banques. Elle résulte, ainsi qu'on l'a vu, de la procédure d'adjudication des emprunts publics qui réserve, depuis près de trente ans, presque partout, leur souscription à des banquiers sélectionnés, les *primary dealers* ou *spécialistes en valeurs du Trésor*. Ici aussi les termes de connivence et de troc semblent de mise si l'on cherche à donner l'aperçu le plus réaliste de la situation qui s'est créée au fil du temps.

Le recours aux *primary dealers* a débuté alors que les dettes publiques restaient encore fort modestes au regard des montants qu'elles ont atteints aujourd'hui. L'initiative en revient aux banquiers qui ont proposé aux États d'assurer la souscription de leurs emprunts dès le moment de leur émission en contrepartie de l'assurance qu'ils seraient acceptés dans les meilleures conditions. La nouvelle procédure, en rupture avec la pratique consistant soit à écouler les titres dans le public, soit à négocier leur achat avec de grands détenteurs de fonds comme les États pétroliers, a permis aux gouvernements de se simplifier la tâche hebdomadaire d'émission des emprunts, de standardiser les titres de la dette publique — souvenons-nous de l'apparition des OAT (obligations amortissables du Trésor) — et de vérifier que leur crédit se maintenait auprès des grandes banques. Pour résumer, elle a procuré un confort de gestion sans précédent.

Depuis que la nouvelle procédure a été mise en œuvre, les banquiers qui en sont les promoteurs recourent à un leitmotiv quand on s'aventure à leur demander de la justifier : liquidité. « Nous avons procuré la liquidité aux emprunts publics », ont-ils dit trois décennies durant et encore aujourd'hui, en pleine turbulence de la crise des dettes souveraines en Europe. Affirmation qui réclame examen. En donnant l'assurance aux

États d'un écoulement aisé de leurs titres de dette, les banques ont, comme les agences qui leur accordaient une notation favorable, désarmé leur vigilance. Aucun gouvernement occidental n'a, au cours de cette période, imaginé le moment où son crédit cesserait de se maintenir. Aucun ministre compétent n'a vu le danger que pouvait présenter cette dépendance croissante des États vis-à-vis des banquiers souscripteurs et, par voie de réciprocité, la dépendance des banquiers vis-à-vis d'États de plus en plus affaiblis. Et même en ce début d'année 2012, les gouvernements encore protégés de la crise de confiance ne cherchent pas de dispositif nouveau d'appel à l'épargne qui leur permettrait de dénouer par étapes cette double dépendance : ils croient à la prolongation indéfinie de la procédure où s'est coulée la gestion publique.

Par homothétie avec le *corporate governance*, la procédure d'adjudication bancaire des emprunts publics, assortie d'une notation par les agences spécialisées, pourrait être baptisée de *state governance*. Car le formalisme et la connivence de fait entre les protagonistes définissent les deux procédures auxquelles s'est pliée la gestion économique et financière des grandes entreprises et des États. Cependant, chacun remarquera l'opposition de leurs visées respectives : tandis que le *corporate governance* a placé les managers en position subordonnée et le plus souvent inconfortable, avec le devoir de plaider sans cesse la qualité de leurs choix, le *state governance* a permis aux États, jusqu'au drame récent des dettes souveraines européennes, de poursuivre sur l'erre d'une gestion au jour le jour, assortie de facilités suggérées par le service de leur clientèle politique. Une chose, une seule, peut expliquer la contradiction : les banquiers si coopératifs avec les États ont fait le pari constant de leur solvabilité forcée, ancrée dans leur pouvoir de lever l'impôt et d'imposer des sacrifices sans limites définies aux populations placées sous leur garde. Ce pari est vulgaire, en ce sens qu'il correspond à la conviction répandue dans le public, selon laquelle un État ne peut faire faillite. Mais il nous semble que le pari s'est doublé d'un objectif politique. Les banques qui ont assuré la « liquidité » des emprunts publics ont placé les États endettés en position d'obligés, de manière à pouvoir infléchir leur pouvoir de réglementation et de décision dans un sens toujours plus favorable à la corporation bancaire. Et, après tout, c'est bien ce que nous avons vécu trente années durant, l'expansion du *business* financier avec la bénédiction, implicite ou explicite, des pouvoirs publics. Il existe une forte présomption que la connivence des banques et des États ait eu deux objets troqués l'un contre l'autre : le premier, la souscription sans réserves des emprunts publics par les banques, le second, la garantie que les autorités étatiques ne mettraient pas d'obstacles au déroulement de l'aventure financière.

LES CONVENTIONS

Nous disposons maintenant d'une perception globale des acteurs représentatifs de la période et d'un bilan des procédures majeures imposées au nom de la meilleure gestion des entreprises et des États. Reste à mettre au jour la partie la plus cachée de l'organisation, sous la forme de ces conventions intellectuelles qui ont dominé les esprits sans contestation possible.

S'il n'y avait qu'une seule notion à retenir de toute l'expérience néo-libérale et de toute l'organisation qui l'a soutenue, ce serait celle de *liquidité*. Elle a émergé dans le discours justificateur des banquiers bénéficiaires de l'adjudication des emprunts publics. Mais il s'agissait plutôt en l'espèce d'un terme de communication ou de propagande, ne signifiant guère plus de la part des prêteurs concernés que la chose suivante : « Nous achetons la dette des États, nous rendons ainsi un service collectif. » La notion de liquidité à laquelle renvoie l'expérience en cours revêt à nos yeux un sens spécifique, sans précédent visible dans l'Histoire moderne. Elle est strictement financière, elle échappe à toute délimitation, elle constitue la poutre maîtresse d'un système basé sur la prise de risques constamment accrus.

Les CDO et les CDS qui ont fait basculer le marché hypothécaire américain permettent de cerner sans trop de peine en quoi consiste l'effort de recherche de la liquidité.

Les auteurs des premiers nommés ont superposé sans scrupules des titres de qualité inégale, en poursuivant deux objectifs liés bien que contradictoires dans leurs principes respectifs : le premier consistant à doper le rendement des titres hybrides ainsi confectionnés pour se rapprocher du rendement des titres de la plus faible qualité entrant dans la composition du produit final; le deuxième visant à conserver pour ce produit la liquidité des titres de la meilleure qualité qu'il incorpore, c'est-à-dire l'assurance de *toujours trouver un acheteur à un prix élevé*. Le succès des CDO sur le territoire américain, durant les premières années du nouveau siècle, a permis de surmonter provisoirement le dilemme du marché du crédit: forte liquidité pour les titres à faible rendement mais faible liquidité pour les titres à fort rendement.

Les initiateurs des CDS ont œuvré dans le même sens avec un moyen essentiellement différent, une prime d'assurance de marché, vendable et revendable à tout venant[5]. Les CDS ne sont ni plus ni moins qu'un support pour l'appréciation du risque de défaut du débiteur concerné, privé ou public. Ils se déprécient quand les acheteurs estiment que les risques de défaut vont se réduire à l'avenir et *vice versa*. Mais le principe qui leur a permis de se multiplier se dissimule derrière cette mécanique pendulaire: permettre aux opérateurs de traiter des actifs à risques avec de fortes chances d'en retirer des plus-values. En effet, le coût d'un CDS est peu de chose en comparaison de la perte liée au défaut qu'il doit couvrir, du moins tant que les débiteurs concernés conservent encore un certain crédit. Les CDS exercent ainsi un puissant effet de stimulation sur les transactions liées aux titres d'emprunt. Ils contribuent substantiellement à la liquidité des marchés correspondants.

Or, les mésaventures des dettes privées et

publiques en Occident, ces dernières années, en ont fourni une démonstration ravageuse, «trop de liquidité tue la liquidité». Laissons la parole à Paul Volcker, l'ancien président de la Réserve fédérale, revenu dans le débat public pour tenter de remettre sur les rails un système financier américain dévoyé : «Trop de liquidité sur le marché peut encourager les investisseurs à prendre trop de risques, par un enchérissement des prix des actifs, dans la croyance qu'il y aura toujours un acheteur de bonne volonté. À un certain stade, la liquidité ou *sa perception* peut elle-même encourager un *trading* plus spéculatif.» La sobriété du propos le dispute à la pertinence.

S'il faut souscrire à cette mise en garde, c'est sans omettre que la recherche de la liquidité a constitué un article de foi des apôtres néo-libéraux et une prescription pour tous les agents de l'expérience. C'est au nom de l'impératif de la liquidité qu'on a méthodiquement, trois décennies durant, étendu aux marchés des titres de dettes, aux monnaies, aux matières premières agricoles et minières, et pour finir, aux produits dérivés, les mécanismes de cotation qui ont été mis en œuvre par les marchés boursiers. Les emprunts, les devises et les matières premières devaient être aussi liquides que des actions cotées à la bourse. Mais cette liquidité a un prix : l'évaluation des produits et des actifs concernés, subordonnée à un système de «paris», s'est fortement détachée des éléments objectifs représentés par leur coût de production et le calcul prudentiel de la rentabilité.

La *garantie hypothécaire* incarne une convention située à cheval sur la notion de liquidité et celle de solvabilité. Il existe une manière divertissante de la présenter. Ce qui se nomme «hypothèque» en français est baptisé «mortgage» dans le monde anglo-américain. Or, c'est de France que les Anglais ont importé le terme, «le gage saisi sur le mort», dans le cas où le débiteur aurait disparu avant d'avoir honoré sa dette. À l'origine, la garantie jouait dans les cas de force majeure. Plus tard, elle a perdu cette application restrictive pour s'appliquer, là où des marchés hypothécaires ont été développés, à d'innombrables transactions immobilières. Confrontés à la défaillance de leurs débiteurs, les prêteurs ont pu escompter la saisie des biens en remboursement partiel ou total de leurs créances. Mais, ainsi que la crise américaine l'a révélé, le mortgage a fini par constituer la pierre d'angle de tout un édifice de transactions financières, quand la préoccupation de retrouver les fonds prêtés a cédé le pas devant la volonté de jouer, avec lui, sur la hausse des prix des biens immobiliers qui se répercute mécaniquement sur la valeur de l'hypothèque. La garantie juridique constituée par le gage s'est muée dans les faits en instrument spéculatif.

On ne doit pas s'en tenir à diagnostiquer les illusions de la garantie hypothécaire, entretenues par les bulles immobilières. Le crédit hypothécaire a constitué, pour les sociétés de crédit et les banques qui l'ont émis, un incomparable instrument de liquidité. Elles ont pu en effet revendre à haut prix des créances formellement garanties que reprenaient, pour ainsi dire les yeux fermés, des fonds de placement ou d'autres banques. Il a existé, au sein de la communauté financière occidentale, un haut degré de croyance dans la solidité, éventuellement à toute épreuve, du crédit garanti par des hypothèques. Sans cette croyance largement répandue, les opérations si critiquables liées aux CDO et aux CDS n'auraient pu se multiplier autant qu'on l'a vu. Alors que le dévoiement du système financier suscite la réprobation morale à l'encontre d'acteurs inspirés par la cupidité, il convient d'insister en parallèle, pour les besoins de l'analyse, sur leur croyance candide dans les vertus intrinsèques du « mortgage ». D'ailleurs, cette croyance ne s'est-elle pas maintenue, y compris aux plus hauts échelons, lorsqu'on voit que les pratiques du crédit hypothécaire n'ont pas été restreintes et que les banques centrales d'Angleterre et des États-Unis continuent de tabler sur son renouveau pour retrouver de hauts niveaux d'activité ?

La convention toujours fortement maintenue dans le monde anglo-américain avait cependant fini par s'imposer au-delà de son périmètre, dans la majeure partie du monde occidental. Le crédit hypothécaire figurait en effet au deuxième rang des créances jugées les plus sûres, après les créances sur l'État, dans la hiérarchie des créances établies par les banques nationales[6]. L'Espagne a illustré la crise de bien des manières, par le surendettement de ses ménages et de ses entreprises, par le soutien délibéré au boom immobilier, mais aussi par le fait que ses banques étaient considérées, par la banque nationale de Madrid, comme figurant parmi les plus saines d'Europe, en raison de la masse de leurs créances sur l'État et de leurs prêts hypothécaires. Au printemps 2009, les journaux économiques européens se sont couverts de manchettes proclamant que le système bancaire espagnol avait été préservé de la tourmente financière par l'excellente supervision de la banque d'Espagne. Les banques locales, qui avaient disputé la palme de l'imprudence aux anglaises et aux irlandaises, semblaient faire la nique à leurs concurrents européens plus ou moins empêtrés. Or il est admis aujourd'hui que l'Espagne a émis de nombreuses créances toxiques qui sont pour partie dans les comptes de ses banques et pour partie dans les comptes d'autres banques, comme les françaises, il est admis aussi que le réseau bancaire espagnol est menacé de ruine, du fait d'un taux de défaut record de ses débiteurs locaux. Mais le caractère arbitraire et fallacieux de la hiérarchie des créances établie par les instances supérieures de la banque nationale confirme, si besoin était, la force des conventions intellectuelles dans ce monde néo-libéral qui se prétend soutenu par le réalisme alors qu'il se nourrit de croyances.

La *convention comptable*, qui porte elle aussi l'organisation à sa manière essentielle, en constitue sans doute l'élément le plus enfoui. La sincérité des comptes est réclamée comme un impératif catégorique, avec d'autant plus de force depuis que les scandales boursiers de 2001 ont révélé des falsifications à grande échelle. Mais quid de la *vérité* des comptes ? Existe-t-elle ? Le doute s'est installé à la faveur de la dernière crise qui a fait apparaître les difficultés liées au *mark to market*, pratique qui s'est imposée en Occident, à partir de 2002. L'effondrement de la valeur de nombreuses créances, détenues par les banques en Occident, obligeait leurs dirigeants à déclarer au moins une partie des pertes qui en résultaient, ce qui renforçait le climat de défiance générale et bloquait les marchés du crédit. C'était le résultat de la pratique consistant à évaluer les créances, par exemple un crédit hypothécaire, au prix de marché au moment de l'établissement des comptes. Or, dans les phases de panique financière, les créances atteintes par la défiance subissent des décotes allant au-delà de la dépréciation normale résultant de la prise en considération des défauts de paiement acquis ou probables. La difficulté a été surmontée sans gloire, au G 20 de Londres, le premier avril 2009, qui a autorisé les banques à évaluer les créances sous leur propre responsabilité... Depuis lors, l'obscurité est tombée sur la manière dont les banques établissent leurs bilans, puisque la faculté leur est offerte de jouer sur deux types de calcul, le premier consistant à prendre la valeur de la créance au moment où elle est née, la seconde de se référer à celle fournie par le marché au jour le jour.

L'expérience néo-libérale a cependant imprimé sa marque dans les comptes des entreprises et des banques d'une façon plus décisive que ce que révèle l'épisode de crise. Une «nouvelle» comptabilité a pris naissance à sa faveur, qui s'oppose aux types antérieurs pratiqués au XIXᵉ siècle, puis dans la plus grande partie du XXᵉ siècle[7]. Le premier type, prudentiel jusqu'à l'excès, évaluait les actifs de l'entreprise sur une base «liquidative», soit le prix que l'on pouvait effectivement attendre de leur liquidation un par un, en cas de nécessité : il aboutissait à une sous-estimation de la valeur de l'entreprise et jouait à la manière d'un frein sur l'avancement des projets d'entreprises. Le deuxième type, moins pessimiste, a permis de réévaluer les actifs à long terme des entreprises tels que leurs immobilisations, et de faire apparaître des résultats comptables plus favorables, ouvrant la voie à la distribution régulière de dividendes aux actionnaires : ce type n'était donc plus gouverné par l'hypothèse de l'échec de l'entreprise, mais par celle de sa continuité. Le troisième s'est instillé peu à peu, à partir des années 1980 et 1990, celui précisément de cette «nouvelle économie» qui semblait émerger de différents côtés. Mais il procède de la confrontation, cruciale, qui a été soulignée, entre les actionnaires boursiers et le management des entreprises cotées. Fortement incités à distribuer sous différentes formes du *cash* à leurs actionnaires, nombre de managers ont bâti des modèles de résultats fondés plus sur l'anticipation de profits futurs, inconnus par principe, que sur les résultats courants. De la sorte, ils ne faisaient qu'appliquer en interne le modèle d'évaluation boursier, qui actualise des paris sur l'avenir.

La manière avec laquelle de nombreuses entreprises se sont ralliées à une comptabilité passablement «irréelle» nous semble témoigner d'une sorte d'*absorption du modèle de compréhension de l'économie productive par le modèle d'évaluation de la sphère des paris financiers.* Ce phénomène, laidement et lapidairement baptisé «financiarisation», repose sur des rapports de force, des relations de connivence, mais aussi des conventions telles que celle figurée par la «nouvelle comptabilité». Il implique un changement dans l'ordonnancement des acteurs, dans leurs relations réciproques et dans leur manière de concevoir leur rôle. Et la question se pose de savoir si la crise économique a remis en cause son développement.

Il semble que oui et non à la fois. Les managers des sociétés cotées n'ont pas vu s'affaiblir la pression qui s'exerce sur eux à partir des bourses. Les impératifs de stratégie et de gestion qui découlent du postulat de la création de valeur pour l'actionnaire — réduction des coûts et priorité aux marchés les plus rentables — restent inentamés. Mais la peur de l'avenir a commencé à ronger les esprits. Peur visible aux États-Unis mêmes où, pourtant, les entreprises ont le mieux résisté à la Grande Récession, au prix de licenciements massifs et grâce à une optimisation fiscale qui représente désormais une priorité de la gestion. En 2011, les sociétés américaines ont affiché un taux de profit encore meilleur que celui enregistré durant le deuxième conflit mondial, lorsqu'elles bénéficiaient de l'effort de guerre et du blocage des salaires. Mais alors qu'elles auraient pu consacrer des sommes fortement croissantes à l'investissement et à l'embauche, alors qu'elles avaient la faculté d'accroître leurs versements financiers aux actionnaires, elles ont gardé une part substantielle de ces profits disproportionnés en réserves de trésorerie. Les dirigeants ne partagent pas entièrement la confiance dont semblent témoigner leurs annonces de résultats. Le point est d'autant plus à relever que les chefs d'entreprise se rangent, par nature, dans la fraction la plus optimiste de la population. Pourquoi cet attentisme relatif ? Sans doute par conscience des incertitudes pesant toujours sur le système mondial mis en danger par l'excès des dettes occidentales et la crise d'une Europe qui n'en finit pas de courir derrière la solution de ses problèmes économiques, financiers, sociaux, mais aussi, de plus en plus, politiques.

L'ÉCHEC DE L'ORGANISATION : MÉLANGE DES RÔLES, MÉLANGE DES GENRES, MÉLANGE DES SPHÈRES

Impossible de dresser le constat d'échec de l'organisation néo-libérale sans réaliser la délicate synthèse de ses éléments constitutifs. Cet échec nous semble procéder d'un mélange des rôles, d'un mélange des genres et d'un mélange des sphères, mélanges aisément repérables dans les pratiques nouvelles de la période néo-libérale.

Répétons que la grande crise bancaire de 2008 est une crise de la titrisation. Celle-ci peut se définir encore comme la manifestation d'un mélange des rôles de vendeur et d'acheteur en la personne du prêteur. Dans l'exercice de leur métier classique, les banques commerciales prêtaient à partir de trois sources : l'argent emprunté auprès des déposants et des épargnants, celui emprunté aux guichets de la banque centrale, enfin celui créé *ex nihilo* en maniant le stylo ou le clavier d'ordinateur. Dans tous les cas, l'argent représente un objet immatériel non transformé auquel les prêteurs vont donner une destination en l'octroyant, sous certaines conditions, à des emprunteurs jugés solvables. Les prêts accordés figureront alors à l'actif des banques. Celles-ci apparaissent ainsi comme les agents décisionnaires au sein d'une filière de production de prêts.

Quand la titrisation s'installe, la filière disparaît au profit d'une sorte de circuit fermé des créances représentées par les prêts. Une fois revendus par les prêteurs initiaux, ces prêts sortent de leurs comptes pour « courir sur le marché ». Les titres qui les représentent peuvent connaître une infinité de transactions successives. Par leur nature de créances titrisées, ils se rapprochent beaucoup de la nature des actions cotées sur une bourse. Cette transformation touche le métier de prêteur de la banque commerciale de deux manières : en premier lieu, en le déresponsabilisant ; en deuxième lieu, en lui offrant la faculté de s'exercer par rachat de prêts accordés par d'autres. Le métier de vendeur (de prêts) tend à céder la place à un métier d'acheteur (de créances). Si le premier continue d'être assumé, son importance recule de manière décisive au profit du second. Mais attention, en rachetant des créances déjà produites par d'autres qu'elles-mêmes, les banques ne cessent pas de prêter, elles prêtent différemment, en second, troisième, quatrième ressort... Elles exercent le métier de prêteurs en endossant les deux rôles du vendeur et de l'acheteur sur un marché des prêts titrisés qui est unique par construction. Or les deux rôles se contredisent. L'octroi de prêts se place sur le versant *objectif* de l'activité économique : comme tout producteur, le prêteur classique confectionne des objets dont il détermine la quantité et dont il évalue la qualité. Tandis que le rachat de prêts sur un marché de titres s'inscrit sur le versant *subjectif* où dominent les conventions intellectuelles, les intuitions, voire les sentiments. À la faveur du mélange des rôles, la titrisation a subjectivisé le métier du prêteur, avec des risques qui se sont matérialisés à grande échelle entre 2007 et 2012.

L'adjudication des emprunts d'État auprès de banques présélectionnées nous fournit une deuxième forte illustration du mélange des rôles. Dans les faits, les banques se substituent aux détenteurs d'épargne, ceux que la théorie classique dénommait les détenteurs de fonds prêtables. Or, si les banques souscrivent les emprunts d'État, c'est de plus en plus avec de l'argent emprunté aux guichets de la banque centrale, jouant ainsi du différentiel d'intérêt entre le prix payé par les États et le taux de financement choisi par la banque centrale. Le gain mathématique qui leur est accordé constitue à l'évidence une rente, mais une rente qui a peu à voir avec la rente de l'épargnant qui accepte de se dessaisir d'argent liquide dans l'espoir d'un gain dans la durée. Les banques jouent une partition opportuniste consistant à apparaître devant les États avec les exigences d'un épargnant alors qu'elles apportent des fonds issus des guichets des banquiers centraux. Ici, l'on a affaire à un mélange des rôles de l'épargnant et de courtier de l'argent créé par la banque centrale. Mélange critiquable, en première analyse, d'un double point de vue, intellectuel et moral, puisque l'engagement des prêteurs se fait avec l'argent d'autres qu'eux-mêmes dans le but d'un profit mathématique dans l'opération de transmission.

Mélange des rôles, mélange des genres. Reprenons les deux illustrations. Les titres confectionnés à partir des prêts accordés par les banques ou ceux émis par les grands emprunteurs que sont les États sont destinés à circuler sur le marché pour toute la durée de leur vie, jusqu'à l'extinction de la dette, volontaire quand le prêt est complètement amorti, involontaire quand le débiteur est définitivement défaillant. Mais sur le trajet qu'ils vont parcourir, les titres connaîtront des fortunes diverses. À certains moments, leur prix s'élèvera au-dessus de leur valeur faciale, amortissement déduit, à d'autres moments il s'abaissera au-dessous de cette valeur. Inutile de s'appesantir sur les facteurs déterminants, liés à la conjoncture, à la politique monétaire ou aux valeurs des monnaies. L'essentiel tient dans le fait que *les titres offrent des perspectives de plus-values*. L'objectif premier, sinon exclusif, de l'acheteur de créances sera d'engranger ces plus-values. Dès lors, saute aux yeux le mélange des genres entre le profit retiré du versement des intérêts, le profit du prêteur, et le profit retiré de l'obtention de plus-values sur des titres porteurs d'intérêts, le profit du spéculateur au sens banal du terme.

Le mélange des genres aboutit au fait que les « bulles » deviennent de règle. On insiste avec raison mais à l'excès sur les mouvements d'euphorie qui marquent le point culminant des bulles. Les bulles commencent toujours par une entente des acteurs qui vendent, achètent, revendent. Cette entente n'a nul besoin d'être formalisée dans des pactes. Les acteurs *savent* qu'ils sont gagnants tout au long du mouvement d'appréciation des titres, mais qu'il leur faudra anticiper l'instant où le mouvement s'inversera[8]. Or, la titrisation des emprunts privés d'un côté, et la circulation indéfinie des emprunts publics, qui ne sont plus consignés dans les comptes des épargnants de l'autre côté, créent les conditions nécessaires et suffisantes pour l'apparition de bulles sur les titres considérés. Cessons de gloser sur le *greed*. Les bulles sont consubstantielles aux marchés d'actifs cotés, qu'il s'agisse d'actions, d'obligations, de monnaies ou de matières premières. Il existe toutefois deux catégories de bulles, les visibles et les invisibles. Les bulles sur les valeurs « high tech » ou les valeurs immobilières s'avouent comme telles dès le moment de leur essor. Les bulles sur les emprunts publics ne se déclarent pas puisqu'elles consistent à acheter à haut prix des actifs à faible rendement (la dette grecque ou la dette espagnole antérieurement à la crise), voire à rendement négatif (la dette anglaise et la dette américaine aujourd'hui). Ces bulles donnent des résultats analogues, le dégonflement de la valeur des titres assorti de leur *illiquidité* (la dette grecque n'a plus guère de valeur, mais elle est de surcroît invendable : c'est tout le sens de l'opération d'échange récent qui a permis de solder les titres anciens contre des titres nouveaux qui pourraient être vendus si l'État grec retrouvait un semblant de solvabilité). Le mélange des genres entre titres porteurs d'intérêts et titres susceptibles de plus-values a fourni la base logique de la formation de bulles sur les emprunts privés et publics dont nous subissons le dénouement éprouvant.

Sphère financière *versus* sphère réelle, la formule apparaît à chaque détour du commentaire économique depuis trente ans. Nous lui avons préféré, dans *La Trahison des économistes*, une présentation plus analytique distinguant trois sphères économiques, deux sphères productives, celle des produits courants et celle des crédits à l'économie, et une sphère spéculative consacrée aux paris. Tout n'est pas dit pour autant. Peut-on vraiment parler de coupure entre les sphères productives et la sphère des paris ? La chose s'avère d'autant plus difficile que la sphère des paris, à cheval sur les deux autres, influe profondément sur leurs évolutions. La nature des relations entre ces sphères demande ainsi des éclaircissements nouveaux. Nous croyons pouvoir avancer un schéma logique simple, inspiré par l'observation de l'expérience. La grande transformation financière a permis une « séparation de corps » entre les sphères productives et la sphère des paris qui a donné à la dernière une suprématie théorique et pratique sur les précédentes. Ladite suprématie s'est exprimée dans la subordination de la plupart des agents productifs aux acteurs de la sphère des paris ainsi que dans ce que nous avons analysé comme une absorption du modèle de compréhension de l'économie par le modèle d'évaluation financier. Il y a donc eu, sans contradiction, une séparation en vue d'une subordination pratique et d'une absorption théorique.

C'est pourquoi il devient nécessaire d'évoquer et d'incriminer un mélange des sphères. Mélange assez aisé à illustrer avec la conduite des agences de notation et l'évolution comptable récente.

La chose a été dite incidemment, mais il faut la réitérer pour en retirer une leçon définitive. *Les agences de notation suivent le marché*. Tant qu'elles se sont cantonnées à un rôle utilitaire de conseil en placement, elles se sont fondues dans la masse des activités courantes, comme de banales entreprises. Mais lorsqu'elles ont été érigées en puissances normatives, elles ont quitté la sphère productive pour devenir des auxiliaires de la sphère des paris. Le point essentiel, qui n'est pas apparu jusqu'à la crise des dettes souveraines en Europe, réside dans la subordination intellectuelle des agences aux mouvements du marché. Les néo-libéraux ne cessent de le clamer : le marché (financier) a toujours raison. Aller contre des opérateurs qui achètent d'un cœur léger de la dette grecque ou irlandaise à profusion, ce serait aller contre la raison du marché et peut-être, de surcroît, contre son propre intérêt. Au bout du compte, l'institution normative appelée agence de notation s'avère à son tour « normée » par le marché. La subordination se confirme dans tous les cas de figure, y compris celui du marché devenu baissier. Le Trésor français a perdu son triple A le jour où l'une des trois agences s'est résignée à entériner la baisse du crédit public national sur le marché correspondant. Le marché étant maître, tous les acteurs extérieurs sont serviteurs.

L'évolution comptable évoquée plus haut aide aussi à comprendre ce que signifie le mélange des sphères, de la façon la plus simple qui soit. L'entreprise, agent de la sphère productive des biens non financiers, reprend dans ses comptes le principe de son évaluation à partir de profits anticipés. Elle agit ainsi *comme si elle pariait sur elle-même à la bourse*. Dans l'ancien monde économique, un tel comportement aurait été dénoncé et son auteur mis en accusation. Dans le nouveau, il contribue à la fabrication de l'optimisme dont la sphère des paris a besoin pour se projeter toujours plus avant.

LE COMMANDEMENT
QUI VIENT D'EN BAS

L'ultime confusion qui pourrait provoquer la méprise des observateurs et des analystes consisterait à voir dans la domination intellectuelle et pratique de la sphère des paris sur les sphères productives de l'économie une nouvelle forme de l'action publique, qui aurait été déléguée, *volens nolens*, par les autorités politiques à des acteurs privés. Or si passation des pouvoirs il y a eu, si l'autorégulation des marchés aboutit bien à une substitution de tels acteurs aux acteurs publics, ce n'est pas par l'effet d'une délégation de pouvoirs, même implicite, dans l'esprit de ce que le droit public français entend par la « délégation de service public ».

Dans les faits, et dès l'origine de l'expérience, l'organisation néo-libérale s'est installée à l'initiative de ses acteurs majeurs, les agences de notation, les banques, les banques centrales elles-mêmes. Tous sans distinction ont voulu exercer une nouvelle forme de pouvoir, substantiellement distincte de celle rattachée à l'exercice de l'autorité publique, le pouvoir d'institutions logées *dans le marché*, pour y exercer une mission de régulation. C'est là, nous semble-t-il, la facette la plus originale de l'expérience, c'est là aussi que réside l'invulnérabilité apparente du dispositif qui se présente constamment comme une création *sui generis* de l'évolution économique, et non pas imposée d'en haut, sous les traits de ce type d'organisation dénoncée par Hayek comme un outil de planisme ou de dirigisme[9]. Du fait de son surgissement et de son établissement durable à partir d'institutions de marché, l'organisation néo-libérale se nie comme organisation et tend à échapper, sinon aux regards, sinon à la critique ponctuelle, du moins à une évaluation d'ensemble. Ce que la critique de gauche tend à accréditer par son incrimination répétitive du « chaos » des marchés. Ainsi, à chaque fois que l'organisation défaille, ses représentants réagissent en soutenant que les

Aux sources de l'échec...

forces du marché, toujours à l'œuvre, sont les plus à même de trouver remède aux accidents de parcours, à condition que les apprentis sorciers de la sphère politique ne viennent pas se mêler de les résoudre à leur place.

Ce serait pour nous un sujet de réconfort si nous avions pu, par cette analyse, suggérer l'idée, venant contredire à la fois Hayek et la critique anticapitaliste, qu'il peut y avoir une organisation *intérieure* au marché, que c'est cette organisation qui a gouverné dans les faits, de plus en plus puissamment au fil des années, que c'est son bilan qui s'impose en dernier lieu. L'organisation néo-libérale n'efface pas le commandement, elle inaugure une forme de commandement qui vient d'en bas.

*

Cependant, à l'été 2012, les incertitudes nées avec la crise perdurent. L'acharnement thérapeutique des banques centrales souligne la persistance de difficultés majeures en Occident. Les marchés financiers oscillent entre la confiance et la crainte. Est-il possible de statuer en raison, alors que les marchés ne savent quelle direction emprunter ? Il s'impose de montrer, en conclusion, les trois risques qui menacent le système mondialisé : le déclin virtuel de l'investissement en Chine, le casse-tête du désendettement en Occident, la perspective d'un démembrement de l'euro.

Conclusion

LA DÉPRESSION QUI VIENT

Le plus lucide des prévisionnistes économiques reste impuissant à répondre à la question : « Quand ? » Il était impossible de dire quand la crise de la dette privée américaine surviendrait, quand celle des dettes publiques européennes éclaterait, il est impossible aujourd'hui d'assigner une date au dénouement logique du processus de crise. Nous ne pouvons que définir les facteurs qui pourraient l'accélérer d'une manière conclusive.

La Grande Récession de 2008 et 2009 ne s'est pas épanouie en grande dépression. Des commentaires hâtifs en ont conclu que cette dépression n'était plus à l'ordre du jour. L'action des banques centrales pour empêcher l'approfondissement de la crise a été louangée de presque tous les côtés. On a cru pouvoir interpréter le fait que le cataclysme ait été évité comme la manifestation de la toute-puissance de la politique monétaire. Cette lecture réconfortante passe à côté des trois facteurs qui ont réellement empêché la dépression, dépression que les banques centrales n'avaient pas le pouvoir d'empêcher à elles seules.

La chute profonde de l'activité entre 2008 et 2009 a conjugué deux éléments, une chute de la demande intérieure dans l'aire occidentale, Japon inclus, et un tarissement du crédit à l'import-export. La violente contraction des échanges extérieurs sur une période de trois à quatre trimestres a procédé de ces deux éléments. Mais si la chute de la demande a été formellement identifiée, celle du crédit lié aux échanges extérieurs est restée dans l'ombre. C'est pourtant elle qui a failli faire basculer le monde tout entier. En effet, les banques commerciales européennes et américaines, confrontées à de lancinants problèmes de liquidité, voire de solvabilité, à l'automne 2008, se sont résolues à faire des coupes claires dans les crédits qu'elles accordaient aux importateurs et aux exportateurs et ce, en dépit du soutien discrétionnaire qui leur était apporté par les banques centrales ou de la prise en charge occasionnelle de leurs passifs par les États. Ainsi, au moment même où les zélotes du libre-échange mondial, alarmés par une crise qui menaçait la poursuite de l'aventure, s'égosillaient contre les périls du protectionnisme commercial, les échanges internationaux se contractaient spontanément du fait d'une pénurie du crédit spécifique. Plaisante chose quand on voit ces zélotes endosser à l'occasion l'habit de l'avocat en défense de la corporation bancaire !

Premier facteur qui a permis d'enrayer le processus dépressif, le crédit à l'import-export s'est rétabli sous l'action conjuguée des États et du FMI. Les gouvernements, moins impécunieux qu'ils ne le sont devenus par la suite, se sont engagés pour permettre le maintien de certaines exportations sensibles comme celles des Airbus et des Boeing. Le FMI a procédé, à compter du 1er avril 2009, avec la bénédiction du premier G 20 réuni à Londres, à l'émission de plusieurs centaines de milliards de dollars de crédits dédiés aux importateurs et aux exportateurs. L'efficacité de cette double action est attestée par le retour à la croissance des échanges internationaux, sur un rythme élevé, qui a servi de support au rebond des économies occidentales à partir du printemps 2009. Mais cette efficacité a eu pour prix une sous-estimation de la gravité de l'épisode économique et financier et un oubli coupable des erreurs ou des fautes qui avaient conduit au drame de 2008. Elle a conduit à interpréter la rémission suivante comme la promesse d'un rétablissement durable.

Le deuxième facteur déterminant est fourni par le puissant plan de relance économique adopté par la Chine à compter du printemps 2008. Tandis que les conjoncturistes européens et américains se refusaient à diagnostiquer la récession déjà à l'œuvre, les économistes chinois en faisaient le constat. Et la Chine a pris peur. Pour parer aux effets déprimants en provenance d'Occident, les dirigeants chinois ont décidé de lancer un vaste plan d'infrastructures financées à crédit par les collectivités territoriales, d'une part, et, d'autre part, d'ordonner à leurs banques sous tutelle étatique une expansion débridée des crédits à l'économie. La Chine a pu, au prix de ces deux décisions, maintenir une croissance importante, avant de renouer avec le rythme accéléré qui était le sien avant la Grande Récession occidentale. L'investissement chinois a dépassé ses sommets antérieurs, fournissant des débouchés supplémentaires aux grands producteurs de biens d'équipement que sont le Japon, l'Allemagne et les États-Unis. Son influence s'est révélée décisive.

Troisième facteur, la Chine et les autres pays émergents épargnés par la chute occidentale ont pu maintenir, puis accroître leurs importations de matières premières agricoles et industrielles, de telle sorte que les fournisseurs de ces produits primaires ont augmenté leurs livraisons tout en profitant de prix en hausse. Avec celles du Proche-Orient pour le pétrole et le gaz, plus que jamais favorisées, une masse d'économies diverses a profité du flot continu de cette demande : Russie, Canada, Brésil, Australie, et bien d'autres, situées tout particulièrement dans ce continent africain resté à l'écart du grand mouvement de rattrapage qui a animé l'Asie et l'Amérique du Sud.

À la faveur de ces événements qui s'inscrivent comme des nœuds de notre histoire récente, la thèse du « découplage » a fait florès dans les commentaires en Occident. Thèse simple, voire simpliste, selon laquelle les pays émergents étaient parvenus à couper le lien qui faisait dépendre leur croissance de celle des pays occidentaux. Découplage interprété donc comme le premier signe d'un affranchissement. Dans l'esprit de ses énonciateurs, le découplage annonçait un nouvel état du monde économique, qui verrait les pays émergents adopter un développement plus autocentré. En réalité, la prospérité maintenue des grands pays émergents faisait la part encore belle au rattrapage des pays occidentaux, à l'exportation vers ces pays et à la production croissante de matières premières. Quant à celle, plus particulière, de la Chine, elle privilégiait trop l'investissement, ainsi qu'il a été dit plus haut. Apeurée par nos déboires économiques, la Chine a surinvesti. Et c'est là le début de l'énoncé pour la destinée économique du monde dans les mois et les années à venir.

DÉCLIN DE L'INVESTISSEMENT EN CHINE ?

Dans la projection idéalisée de l'expérience de mondialisation, l'essor de la consommation en Chine revient comme une antienne. Le propos ressassé mêle deux réalités formellement contradictoires : celle, d'abord, encourageante, d'un accroissement net de la consommation centré sur les nouveaux riches et une classe moyenne qui s'élargit ; celle, ensuite, inquiétante, d'une baisse de la part de la consommation dans la richesse produite annuellement, au bénéfice de l'investissement sous toutes ses formes. Entre 2000 et 2010, cette part s'est repliée de 45 % à 33 % du PIB tandis que celle de l'investissement s'est relevée de 35 % à 48 %. Ces chiffres signifient que la Chine s'est écartée du schéma historique observé par les économies en voie d'industrialisation.

Dans ce schéma décrit par Walt Rostow[1], le

processus de la marche à la richesse connaît différentes étapes dont les trois premières concernent la Chine engagée dans sa folle course-poursuite depuis 1980. S'ouvre tout d'abord une première période de préparation au décollage, marquée par un effort initial d'investissement et d'épargne ne dépassant guère 10 % de la production totale. Elle laisse place à la période de décollage proprement dite, qui voit le développement des relations entre les secteurs économiques, une première diversification du tissu industriel et une montée en puissance de l'investissement et de l'épargne dont le taux est alors porté aux alentours de 20 % du PIB selon les données connues pour les anciens pays industrialisés. Ce même taux a été enregistré en Chine communiste vers 1960, sans provoquer le décollage attendu. Il semble inutile de dire pourquoi le système centralisé a échoué dans ses ambitions malgré un effort d'investissement qui avait atteint le seuil critique. Et l'on peut voir dans cet échec la première des raisons qui ont conduit au tournant ultérieur de la stratégie chinoise sous l'impulsion de Deng Xiaoping.

Notre souci n'est pas de revenir sur les conditions du décollage chinois, entrepris à partir de 1980, le plus long et le plus intense que l'Histoire ait enregistré. Il est de souligner l'anomalie consistant à atteindre très vite des taux d'investissement largement supérieurs à la moyenne historique des pays en situation comparable, bien au-delà de la masse critique de 20 %, tandis que la consommation n'est jamais parvenue à atteindre le seuil de la moitié du PIB. Or il est difficile d'imaginer un investissement massif et fortement croissant sans soutien corrélatif de la consommation, à moins qu'intervienne un troisième facteur, l'exportation. Plusieurs analystes ont aidé à faire comprendre que la stratégie exportatrice de la Chine, forte pourtant d'un milliard trois cents millions d'âmes, visait un objectif impérialiste de conquête des marchés du monde et de déchéance progressive des anciennes puissances industrialisées[2]. Toutefois, leur incrimination de la volonté de mainmise de la Chine sur le reste du monde laisse en suspens la question, prosaïque, consistant à savoir comment se fera le rééquilibrage — le *rebalancing* dans la littérature économique anglo-américaine — d'une vaste économie, dont la capacité de production s'accroît toujours plus vite que sa consommation intérieure, alors que les marchés étrangers qu'elle continue de privilégier ont subi le choc de la Grande Récession et ne pourront retrouver leurs rythmes antérieurs. La question a été jusqu'ici résolue grâce à de nouveaux gains de parts de marché mais aussi grâce à ce plan d'infrastructures et à l'essor de la construction résidentielle qui ont dopé la composante investissement de la demande intérieure.

On peut penser toutefois que ces dernières solutions palliatives ne sont pas reconductibles sur la longue durée. Les parts de marché gagnés sur les Occidentaux affaiblissent les économies concernées, lentement, insidieusement, mais sûrement. Les infrastructures nouvellement créées doivent être mises en œuvre et, surtout, amorties. Le concept d'amortissement des investissements, publics et privés, est au cœur de l'explication classique du cycle économique. Si ce concept a été en partie délaissé par les économistes néo-libéraux, il apparaît impossible de l'évacuer en pratique. Or l'accélération supplémentaire de l'investissement chinois, y compris durant la période de difficultés des économies occidentales, implique une prochaine inflexion de son rythme, pour laisser place à la priorité de l'amortissement des équipements déjà installés.

Voici donc la première des questions majeures qui se posent au système mondialisé en ce moment : *quand et selon quel rythme les entreprises installées en Chine et les collectivités publiques locales vont-elles réduire le montant total de leurs investissements, quand les ménage chinois vont-ils réduire leurs investissements consacrés au logement ?* Les partenaires de la Chine les plus concernés sont bien entendu ceux qui ont bénéficié de l'essor jusqu'à ce jour, à savoir les entreprises occidentales spécialisées dans la réalisation de biens d'équipement, et les fournisseurs de ces matières premières que la Chine ne peut produire à partir de son sol et de son sous-sol. Le pari qu'ils font aujourd'hui d'une croissance indéfinie du courant d'achats de la Chine entre en contradiction avec la nécessité d'amortir ce qui a été coûteusement mis en place durant la dernière décennie.

La question que nous avons posée serait de moindre portée si, au lieu de stimuler un investissement déjà disproportionné, les dirigeants chinois avaient pris résolument le parti de la consommation intérieure à partir de l'année charnière de

2008. Leur choix aurait conduit la Chine à entrer dans la troisième période définie par Rostow, celle de la consommation de masse. Elle se serait traduite par un déclin relatif de la part des exportations au bénéfice d'un gonflement approprié de la consommation non seulement chez les nouveaux riches, mais dans la majeure partie de la population, urbaine et rurale. La méthode pour y parvenir aurait consisté à instaurer un salaire minimum interprofessionnel ou des salaires minima par profession, une couverture maladie universelle garantissant contre les risques les plus lourds, une allocation logement pour les familles modestes, un fonds pour les personnes âgées, toutes choses dont l'économie chinoise a les moyens depuis de longues années. Mais en retardant la prise de ce tournant stratégique, dont on ne fera pas l'injure aux maîtres de la Chine de ne pas l'avoir imaginé, le risque a été pris de voir la grande économie locale s'enrayer pour de bon, et ce, pour la première fois depuis plus de trente ans. Le miracle chinois ou, pour parler plus simplement, l'accomplissement chinois est menacé de l'intérieur, sous la forme d'un déclin prononcé de l'effort d'équipement privé et public.

DÉSENDETTEMENT EN OCCIDENT ?

Les oreilles des citoyens européens ont vibré, tout au long des années 2010 et 2011, sous les exhortations à réduire les dépenses publiques, les déficits publics et les dettes publiques. Or, depuis la campagne électorale présidentielle du printemps 2007, on observe le retour d'un discours axé sur les mérites singuliers du « modèle » français dont il faudrait s'enorgueillir, au prix d'un taux de dépenses publiques de 56 %, le plus élevé au monde. Cette défense de la dépense publique, présumée être à nouveau soit une protection contre la dépression économique, soit, mieux encore, le ressort caché de la prospérité, a été assortie étrangement d'une mise en cause de la gestion laxiste du Président sortant, « responsable du déficit et de la dette ». Ce procédé peu innovant a permis aux prétendants éligibles d'enjamber la question de la crise de l'euro, qui est une crise de l'Europe. Mais il trahit aussi ce que Martin Luther King dénonçait comme la chose la plus dangereuse au monde, la conjugaison de la « véritable ignorance » et de la « stupidité consciencieuse ». Ces prétendants ont fait, si j'ose dire, œuvre de démagogie involontaire. Leur incrimination pavlovienne de la gestion écoulée, qui a occulté les désastres grec, irlandais, portugais, espagnol, les difficultés italiennes, l'enlisement général du système économique européen, fournit le dernier signe de ce crétinisme économique qui s'est installé dans les cerveaux politiques à la faveur de l'expérience néo-libérale.

Il n'y a pas en effet de problème plus crucial et, apparemment, moins soluble que celui de l'accumulation spontanée des dettes privées et publiques en Occident. Notre histoire économique des deux décennies écoulées peut être présentée, du point de vue de ses objectifs politiques, comme une expérience d'inclusion dans la concurrence mondialisée ou comme une tentative d'autorégulation des économies à partir des marchés financiers. Mais elle est, du point de vue de ses résultats majeurs, celle de l'expérience du surendettement en chaîne. Un surendettement à deux faces. Une première face est présentée par le surendettement voulu, de caractère privé, organisé de concert par les banquiers, les marchés financiers et les États, aux États-Unis, en Angleterre ou en Espagne. Une deuxième face, celle du surendettement subi, est offerte aux regards par le Japon, l'Italie, la France et, à un moindre degré, l'Allemagne qui n'ont pu endiguer la croissance graduelle de leurs dettes publiques, du fait de leurs médiocres performances économiques. Deux pays donnent des illustrations frappantes des deux expériences de la dette.

À l'orée du printemps 2012, l'Espagne a fait son entrée officielle dans le cercle des pays victimes de la suspicion des prêteurs internationaux. Le désaveu que subit son système public n'a d'égal que la confiance qu'il a inspirée durant toute la décennie 2000 écoulée. Un tel retournement de fortune est rarissime pour un État important. Les finances publiques d'un pays s'appuient sur la capacité contributive de son économie. Les prêteurs de l'Espagne ont montré, depuis l'entrée en vigueur de l'euro jusqu'à 2010, d'autant plus de bienveillance vis-à-vis de notre voisin que son économie avait connu un formidable essor de l'activité et de l'emploi, qu'il bénéficiait des concours des fonds de cohésion européens et que sa dette publique se situait, comme nous l'avons souligné plus haut, à un niveau modeste. Cela explique qu'il ait fallu trois bonnes années après le début du dégonflement de la bulle immobilière, en 2007, pour que l'ombre d'un doute s'installe dans l'esprit des prêteurs. Mais deux années supplémentaires ont été nécessaires pour qu'ils prennent pleinement conscience de la fragilité de l'ensemble économique et financier local. Ils voient aujourd'hui que les banques se heurtent à des défauts de paiement croissants de leurs débiteurs, ils voient encore mieux, à partir de ces défaillances, que les débiteurs privés sont dans le marasme, conformément aux deux définitions les plus sévères que donne le dictionnaire de ce mot, « dénutrition » et « démoralisation ».

Donc, tandis que le nouveau gouvernement espagnol s'ingénie à tenter de rétablir la confiance de ses prêteurs, cette confiance est minée, jour après jour, par l'affaissement économique lié à la défaillance des débiteurs privés, d'autant plus grave en Espagne qu'elle résulte du double surendettement des ménages et des entreprises. Les dettes des entreprises espagnoles sont *junk*, terme mal traduit en français par la formule « de pacotille », accroché par les financiers aux dettes jugées non remboursables, qui ne peuvent être cédées qu'à des prix de braderie. Une dette d'entreprise est classée *junk* quand elle dépasse dix fois le montant du *cash flow* annuel. Or, les dettes globales des entreprises locales culminent à douze fois le montant global desdits *cash flow*. Il faudrait de l'aveuglement pour imaginer un rétablissement de la confiance avec un paramètre aussi alarmant, auquel les efforts d'austérité publique ne portent pas remède, bien au contraire.

Le Japon ne cesse de battre, année après année, le record historique du montant de la dette qu'un État ait accusé. Victime d'une implosion de ses marchés boursier et immobilier en 1989, l'économie nippone est frappée depuis lors par la déflation. Durant la décennie 1990, les ménages locaux ont continué d'épargner de différentes manières : en plaçant leur argent au-delà des frontières, en souscrivant la dette publique, en thésaurisant des billets de banque dans des coffres-forts achetés par millions. Simultanément, les entreprises japonaises, de plus en plus dépendantes de la demande extérieure et soumises à la contrainte d'un yen de plus en plus fort, ont cherché à protéger leur compétitivité en recourant à la sous-traitance régionale, au détriment de l'emploi créé et des revenus distribués dans l'archipel. Tout cela, combiné avec les effets d'une véritable dépression démographique, a placé le Japon dans une nasse économique, qui s'est encore resserrée dans la première décennie du nouveau siècle, du fait de la concurrence croissante de ses voisins asiatiques sur ses marchés de prédilection. La dernière station du chemin de croix parcouru par cette nation donnée en modèle il y a trente ans est représentée par la déflation des salaires nominaux. Les travailleurs japonais subissent année après année une réduction nette de leurs rémunérations.

Face à des vents de plus en plus contraires, les

gouvernements japonais ont suivi successivement deux types de politique. Le premier type a consisté en une stimulation des dépenses publiques qui a conduit ce pays à multiplier sans nécessité les ouvrages d'art et les infrastructures. Des barrages ont été installés dans le lit de simples torrents de montagne, des aérodromes inutiles ont été créés. L'échec de cette politique d'expédients a conduit à une deuxième étape, de tentative de reprise en main du budget public, qui a elle aussi échoué du fait d'une croissance insuffisante. Aujourd'hui, les gouvernements japonais suivent la politique du chien crevé au fil de l'eau, tout en supportant un dernier accablement découlant de l'accident nucléaire de Fukushima.

Le déficit subi par les finances publiques japonaises ne pouvant être résorbé, la dette publique s'accumule dans l'indifférence générale. Car cette dette est détenue, dans la proportion de 95 %, par les citoyens de l'archipel à travers leurs comptes bancaires. Les Japonais continuent à soutenir un État insolvable qui, grâce à eux, ne court pas le risque de faire défaut. La situation nippone propose une forme de symétrie avec la situation en zone euro : chez nous, les États et les banques sont les otages les uns des autres ; chez eux, ce sont les États et les citoyens épargnants. Le Trésor de Tokyo ne peut se permettre d'annuler sa dette, en totalité ou en partie, sans ruiner les épargnants concernés. Ces derniers ne peuvent abandonner le Trésor public sans mettre à bas l'État national.

Le résultat d'ensemble des politiques menées ici et là en Occident, dans un contexte de concurrence mondialisée, a de quoi inspirer le découragement. Les dettes cumulées des divers agents économiques ont explosé durant ces vingt dernières années, croissant toujours plus vite que la richesse produite annuellement. Le fardeau total de la dette atteint partout des montants excluant qu'on puisse les ramener à un niveau acceptable dans un futur prévisible. Dès lors, la deuxième question qui s'impose en cette année 2012 doit être énoncée ainsi : *comment les économies occidentales s'y prendront-elles pour maintenir ou retrouver la croissance tandis qu'elles ploient sous le poids de leurs dettes publiques et privées et sous la pression concurrentielle des pays émergents ?*

DÉMEMBREMENT DE L'EURO ?

Les médias du Vieux Continent dissertent sur le défi, si difficile à relever, de la survie de l'euro. Leur discours évacue l'autre discours qui aurait consisté à interroger le bien-fondé de l'expérience de monnaie unique. Pour en trouver trace, il faut s'en remettre aux médias anglais et américains qui, n'ayant cessé d'observer notre expérience avec un œil perplexe ou critique, accueillent aujourd'hui les tribunes ou chroniques nombreuses d'économistes qui concluent que l'euro était entaché d'un vice de conception dès son origine.

Ces économistes portent moins un jugement qu'ils n'établissent un constat à diverses facettes.

Ils attirent d'abord l'attention sur le fait, masqué dans le moment présent, que les pays jugés les plus forts de la zone, comme l'Allemagne et les Pays-Bas, n'ont connu qu'une croissance anémique depuis leur adoption de la monnaie unique, de l'ordre de 1,5 %, tandis que les petits pays restés à l'extérieur, comme la Suède ou le Danemark, conservaient un rythme de l'ordre de 3 %. La croissance allemande ou néerlandaise a subi l'effet compressif d'un gel délibéré des rémunérations en vue de préserver ou d'accroître leur compétitivité externe, conformément à la volonté de leurs dirigeants économiques et politiques de s'ajuster à la double contrainte de la concurrence mondiale et de l'euro fort.

Ils soulignent ensuite, pour la forme, le chemin inverse suivi par les pays du Sud, tels que l'Espagne, le Portugal ou la Grèce, qui ont privilégié leur consommation intérieure en laissant s'envoler les rémunérations et les dettes privées. Mais ils insistent aussi à cette occasion sur le fait central, totalement omis dans l'évaluation du bilan de l'euro, de l'effet négatif découlant d'une *politique monétaire unique* entrant en contradiction tant avec les évolutions divergentes des prix et des rémunérations au sein de la zone qu'avec les comportements de dettes dans les différents pays membres. Cette politique, au départ trop restrictive pour les pays du Nord, s'est révélée laxiste par la suite pour les pays du Sud. Il n'existait pas de cote bien taillée pour une politique monétaire unique en zone euro.

Ils mettent enfin l'accent sur les conséquences pratiques de ces orientations divergentes, favorisées par l'appartenance à la même zone monétaire sans possibilité de corriger les écarts de compétitivité. Les excédents des uns ont gonflé, les déficits des autres se sont creusés. Les pays excédentaires se sont retrouvés détenteurs d'un trop-plein d'épargne qu'ils ont recyclé avec des fortunes diverses, y compris dans le *subprime rate* américain ou la dette publique grecque. Les déficitaires se sont endettés de façon croissante auprès des excédentaires, y compris durant la période récente de crise des dettes souveraines, qui les a vus quémander des aides massives auprès de leurs partenaires.

À ces trois constats, suffisants pour conclure à la nécessité d'un démantèlement de la zone euro, sans attendre une crise terminale de forme chaotique, il nous semble nécessaire d'en ajouter deux autres issus des tout derniers développements du feuilleton de la crise européenne. Celui, en premier lieu, de la *déflation salariale* qui se développe au sein de la zone. Faute d'un ajustement des monnaies, les employeurs privés grecs et portugais ont d'ores et déjà fortement réduit la rémunération du travail, à hauteur de 15 % environ. Les Espagnols et les Italiens pourraient leur emboîter le pas, surtout si de nouvelles règles de licenciement les placent en position de force dans la relation de travail qui les lie à leurs salariés. Il apparaît inutile d'insister sur les effets déprimants de cette orientation nouvelle sur les consommations locales et les exportations des pays voisins. Ces effets déprimants se conjugueraient alors avec les effets déstabilisants de la *migration de l'épargne* des pays du Sud vers le nord de l'Europe. Car, phénomène qu'il convient de mettre au jour en deuxième lieu, les classes aisées ou riches de la Grèce, du Portugal, de l'Espagne, de l'Italie retirent leurs avoirs locaux pour les transférer vers le Luxembourg, les Pays-Bas et l'Allemagne, ce qui a pour effet de miner ce qui reste de solidité dans le système financier de leurs pays respectifs et d'annuler les transferts publics en provenance du Nord effectués en application des plans de sauvetage.

Les derniers développements, non encore traités par une corporation médiatique toujours prisonnière de « son pari de l'euro », laissent augurer de nouveaux stades de la crise européenne qui placeront les gouvernements devant la nécessité de faire de nouveaux choix, soit en conformité avec la fuite en avant qui a prévalu jusqu'ici, par une tentative de marier les carpes et les lapins au sein d'une union budgétaire et bancaire, soit sous l'effet d'une prise de conscience définitive du problème permettant de mettre fin à l'expérience de la monnaie unique.

Nous nous heurtons ici à une incertitude majeure. Un acteur central manque dans la distribution actuelle du drame de l'euro et de l'Europe : les populations. L'échec de l'expérience aurait pu les appeler à faire pression sur les gouvernements, une saine peur de la crise ultime vers laquelle cet échec les projette aurait pu les conduire à se manifester puissamment dans les urnes. Or, les scrutins récents chez nos voisins comme chez nous n'indiquent pas de volonté manifeste d'en finir avec une expérience qui les meurtrit et les démoralise jour après jour. Nous pouvons avancer deux explications de cette inertie. Premièrement, l'effet de désamorçage procuré par l'alternance : elle permet de rejeter la faute sur des gouvernements défaillants, en cultivant l'espérance que le changement des personnes ouvrira la voie à un changement du réel. Deuxièmement, le sentiment que la fin de l'euro signifierait la fin du projet européen qui a surdéterminé toute notre après-guerre sur le Vieux Continent. Le fait même que la monnaie unique symbolise l'union des Européens concernés la protège encore dans l'esprit des populations. Et c'est pourquoi les gouvernements ont pris et prennent encore des risques croissants pour tenter de faire survivre l'euro. Mais pour combien de temps encore ? Et pour le profit de quels intérêts et de quelles puissances ?

Pour combien de temps encore ? L'euro continue de circuler sur les différents marchés économiques et financiers. Il ne fait pas l'objet de conversions massives en monnaies étrangères à la zone, conversions qui signifieraient l'abandon de l'euro en tant que monnaie de règlement et monnaie de réserve. Sa cotation reste forte, trop forte même, et il devrait en aller ainsi tant que la puissance économique allemande, garante de la devise européenne, n'aura pas chuté dans une nouvelle récession. Apprécié sous cet angle, le sort de la monnaie unique ne semble pas menacé. Mais si l'on se réfère à la cotation des emprunts publics et privés émis par les pays membres, et aux taux que ces cotations reflètent, chacun constatera une dispersion croissante qui défie les efforts de sauvegarde déployés ou consentis par la banque centrale et les États. C'est comme si nous étions en présence d'une monnaie d'endettement grecque, d'une monnaie d'endettement portugaise, d'une espagnole, d'une italienne, d'une française, et même désormais d'une néerlandaise et d'une finlandaise, distinctes d'une monnaie allemande, qui est devenue, à la faveur de la crise, la monnaie refuge au sein de la zone, et, à ce titre, plutôt une monnaie de placement qu'une monnaie d'endettement. *L'union monétaire est rompue dans les faits.* Elle survivra juridiquement tant que le moyen de paiement général nommé euro n'aura pas été formellement abandonné. Il faudra sans doute pour cela une récession globale de la zone, situation dont nous n'avons cessé de nous rapprocher depuis l'automne 2011.

Le démembrement implicite de l'euro se manifeste aussi dans le secret des adjudications hebdomadaires des Trésors publics de la zone. Depuis plusieurs mois déjà, les nouveaux emprunts émis par les États sont souscrits principalement, voire exclusivement, par les banques du pays concerné, comme si des marchés nationaux du crédit, étanches, avaient été rétablis par les autorités publiques. Phénomène alarmant qui confirme la perte de confiance qui s'est aggravée au fil des mois, accentue la double dépendance suicidaire des banques et des États, mais invite à considérer que la monnaie unique a cessé une fois pour toutes de jouer son rôle unificateur des marchés financiers au sein de la zone.

Pour le profit de quels intérêts et de quelles puis-

sances ? Les efforts de sauvegarde de l'euro, toujours plus coûteux, sont soutenus de l'extérieur par les États-Unis et par la Chine. Les dirigeants américains ont avantage au maintien d'une monnaie surévaluée et craignent par-dessus tout la chute de la maison euro, annonciatrice d'une récidive de la crise financière de 2008. Peut-être croient-ils discerner que le processus de crise, qui leur doit beaucoup, permettra une orientation nouvelle de l'ensemble globalisé, définitivement centré sur le Pacifique, au prix d'un déclin définitif de l'Europe, comparable à celui de l'Espagne du XVIIe siècle. Les maîtres de la Chine s'emploient à étendre leur empire économique et à le doubler d'un empire financier, tout en accaparant les ressources du sol et du sous-sol sur tous les continents, avec la grande espérance de provoquer la régression des anciennes économies dominantes en Occident. L'affaissement des économies européennes constituerait le premier aboutissement concret de leur stratégie de domination. Mais leur effondrement ouvrirait la voie à un bouleversement économique tel que les cartes de la mondialisation, qui leur sont favorables, pourraient être rebattues, laissant la place à une configuration nouvelle, forcément moins aisée à maîtriser, surtout si une politique protectionniste voyait le jour chez leurs partenaires commerciaux[3]. C'est pourquoi Américains et Chinois s'activent, en suivant des calculs différents quoique parallèles, pour soutenir le malade européen à travers les concours du Fonds monétaire international dont ils partagent la direction effective.

Les tentatives européennes pour sauver la monnaie unique du naufrage s'inscrivent, ultime rappel, dans une problématique plus large, celle de la viabilité du système mondialisé, où la défaillance d'une grande région du monde menace l'ensemble des régions partenaires. Voilà à l'évidence l'enjeu qui mobilise les actions de plus en plus volontaristes, improvisées et désordonnées que les Occidentaux ont été conduits à initier sous le regard attentif de l'ensemble émergent. Cet enjeu était latent dès le commencement de la crise financière américaine. Nous n'aurons plus longtemps à attendre pour connaître l'issue de la grande expérience néo-libérale et le destin de son enfant, le monde globalisé.

APPENDICES

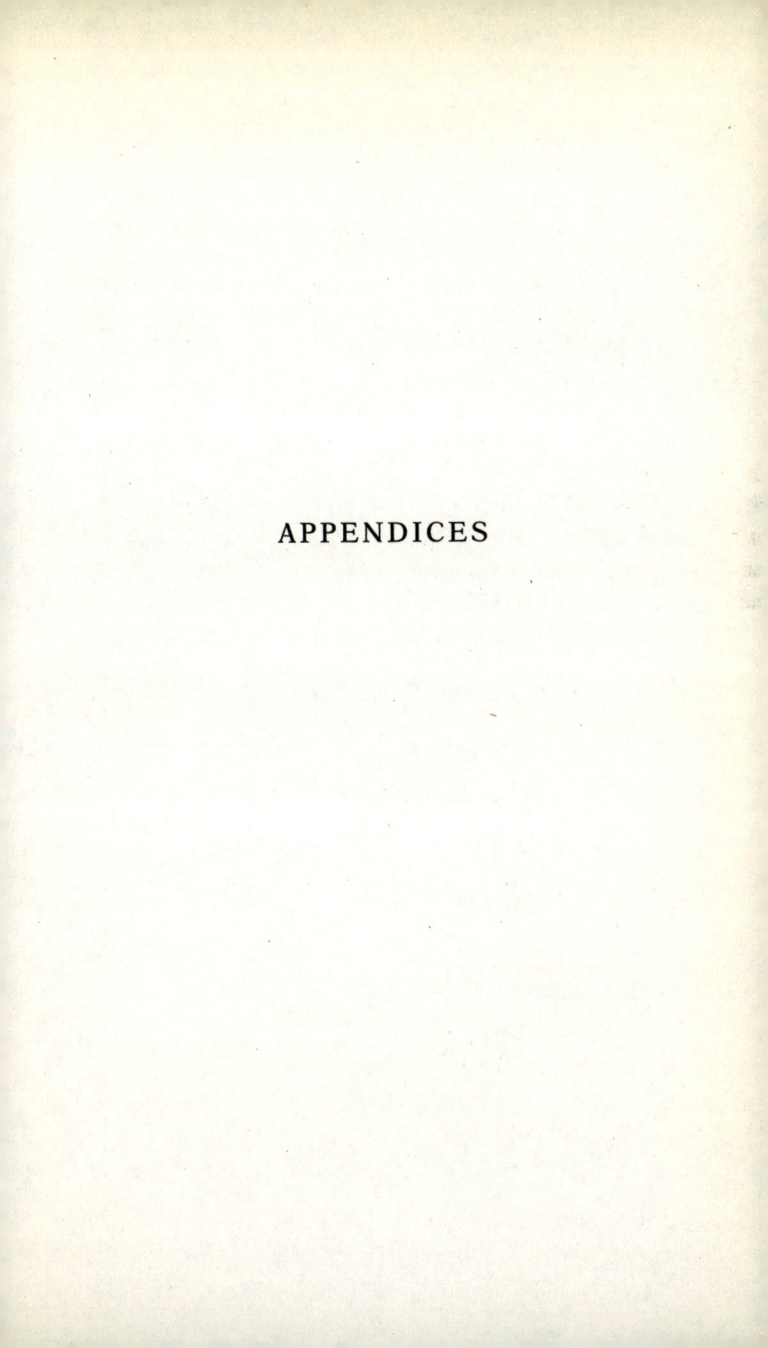

SOURCES

Le chapitre premier a paru dans *Le Débat*, n° 151, septembre-octobre 2008.
Le chapitre II a paru dans *Le Débat*, n° 157, novembre-décembre 2009.
Le chapitre III a paru dans *Le Débat*, n° 161, septembre-octobre 2010.
Le chapitre IV a paru dans *Le Débat*, n° 166, septembre-octobre 2011.
Le chapitre V a paru dans *Le Débat*, n° 168, janvier-février 2012.
L'avant-propos, le chapitre VI et la conclusion sont inédits.

NOTES

I
L'IRRESPONSABILITÉ DES MARCHÉS

1. Alan Greenspan, «We Will Never Have a Perfect Model of Risk», *Financial Times*, 17 mars 2008.
2. Ben Bernanke, *Essays on the Great Depression*, Princeton University Press, 2001.

II
POUR UN NOUVEAU SYSTÈME BANCAIRE

1. Sur le diagnostic de la crise comme crise du crédit et de la banque, voir l'article d'Hervé Juvin, «La crise d'un monde fini?», *Le Débat*, n° 155, mai-août 2009.
2. Maurice Allais, *La Crise mondiale aujourd'hui. Pour de profondes réformes des institutions financières et monétaires*, Éd. Clément Juglar, 1999.
3. La Commission européenne a proposé deux mesures de renforcement des fonds propres des banques en proportion de leurs risques liés au *trading* et aux opérations sur les produits dérivés. Elle entérine ainsi deux facteurs

de dévoiement du système bancaire : les opérations spéculatives pour compte propre et la titrisation sans frein.

4. Tandis que l'encours des crédits des banques occidentales stagnait ou reculait, celui des banques chinoises a doublé entre le premier semestre 2008 et le premier semestre 2009, au risque manifeste de créer des bulles locales et de multiplier les mauvais prêts.

5. Cette vision doctrinaire affichée n'a pas empêché la Banque centrale européenne de prendre en charge ces deux dernières années, dans le contexte de la panique des marchés, au moins 2 500 milliards d'euros de créances de qualité incertaine.

6. Michel Guénaire, *Il faut terminer la révolution libérale*, Paris, Flammarion, 2009.

III

LE RÉTABLISSEMENT OU LA RECHUTE ?

1. Les prix de l'immobilier ont triplé entre 1997 et 2007 dans ces deux derniers pays.

VI

DE L'EURO BOUCLIER À L'EURO EN DÉTRESSE

1. Friedrich Hayek, *Droit, législation et liberté : une nouvelle formulation des principes libéraux de justice et d'économie politique*, nouv. éd., PUF, « Quadrige », 2007.

2. Voir Jean-Luc Gréau, « L'euro en question », *En finir avec l'euro-libéralisme*, Mille et une nuits, 2008.

3. Voir le raisonnement à contresens de Daniel Cohen, *Trois Leçons sur la société post-industrielle*, Éd. du Seuil, 2006.

4. Source : Banque centrale européenne.

5. Voir Jean-Luc Gréau, « Le savetier et le financier. Essai sur les origines de la crise boursière et la nature du capitalisme contemporain », *Le Débat*, n° 52, novembre-décembre 1988, pp. 133-160, et, *supra*, chapitre I, « L'irresponsabilité des marchés ».

V

À LA CROISÉE DES CHEMINS.
SURVIVRE À LA CRISE

1. Voir *supra*, chapitre II, « Pour un nouveau système bancaire ».
2. « Thinking Through the Unthinkable », *Financial Times*, 9 novembre 2011.
3. « Fin de partie pour la zone euro », *Les Échos*, 28 novembre 2011.
4. Voir ma contribution au livre *La France et ses multinationales*, Xerfi, 2011 : « Pour un actionnariat stratégique des groupes français ».
5. « La France est-elle ruinée ? », dans *La Trahison des économistes*, Gallimard, 2008.
6. Rapport au ministre de l'Économie et des Finances, *Rompre avec la facilité de la dépense publique*, La Documentation française, 2006.
7. Voir Joseph Leddet, Jean-Michel Quatrepoint et Jean-Luc Gréau, « Pour sauver l'euro », *La Tribune*, 12 avril 2011.
8. Voir le livre convaincant de Jean-Louis Levet, *Pas d'avenir sans industrie*, Economica, 2006.
9. Sondage Ifop, « Les Français, le protectionnisme et le libre-échange », 17-19 mai 2001 (http://www.ifop.fr/?option=com_publication&type=poll&id=1535) ; « Les Européens, le protectionnisme et le libre-échange », 22-27 juin 2001 (http://www.ifop.com/?option=com_publication&type=poll&id=1616).
10. Voir le livre didactique de Franck Dedieu, Benjamin Masse-Stamberger, Adrien de Tricornot, *Inévitable protectionnisme*, Gallimard, 2011.

11. Voir le livre pédagogique d'Éric Delbecque, *L'Intelligence économique*, PUF, 2006.

VI

AUX SOURCES DE L'ÉCHEC,
L'ORGANISATION NÉO-LIBÉRALE

1. Cet aspect a été mis en lumière par Edmond Malinvaud, « Les causes de la montée du chômage en France », *Revue française d'économie*, numéro de l'été 1986.
2. Voir Edward N. Luttwack, *Le Turbo-capitalisme*, Odile Jacob, 1999.
3. Voir Jean-Luc Gréau, « Comment être attractif et compétitif ? » dans *La Trahison des économistes, op. cit.*
4. Voir Jean Peyrelevade, *Le Gouvernement d'entreprise ou les fondements incertains d'un nouveau pouvoir*, Economica, 1999.
5. Pour une présentation éclairante, voir François Morin, « Produits dérivés et dérives des dettes souveraines », *Le Débat*, n° 166, septembre-octobre 2011.
6. Voir « Banques espagnoles : lendemains de fêtes », dans le bulletin *Conjoncture* de BNP Paribas, mars 2009.
7. Un développement suggestif de l'évolution de la comptabilité avec ses conséquences sur le système économique est donné par Jacques Richard dans « Comment la comptabilité modèle le capitalisme », entretien accordé à la revue *Le Débat*, n° 161, septembre-octobre 2010.
8. Le point est souligné par Jean Peyrelevade dans « Les conditions d'exécution des opérations spéculatives au comptant sont telles qu'elles privilégient les anticipations de hausse », *L'Économie de spéculation*, Éd. du Seuil, 1978, p. 104.
9. Friedrich Hayek, *La Route de la servitude*, PUF, 2010. L'auteur y fait le procès constant de *toute* forme d'organisation.

CONCLUSION

1. Walt W. Rostow, *Les étapes de la croissance économique*, Economica, 1997.
2. Voir Luc Richard et Philippe Cohen, *Le Vampire du Milieu*, Mille et Une Nuits, 2010 ; Antoine Brunet et Jean-Paul Guichard, *La Visée hégémonique de la Chine*, L'Harmattan, 2011 ainsi que Jean-Michel Quatrepoint, *Mourir pour le yuan*, François Bourin, 2011.
3. Tandis que les États-Unis conservent leur droit de veto sur les décisions majeures du Fonds, les Chinois sont devenus les seuls pourvoyeurs potentiels pour une action de grande ampleur de cet organisme (voir encore Antoine Brunet et Jean-Paul Guichard, *La Visée hégémonique de la Chine, op. cit.*).

Avant-propos: Petite histoire d'un feuilleton économique	9
Chapitre premier: L'irresponsabilité des marchés	15
Chapitre II: Pour un nouveau système bancaire	51
Chapitre III: Le rétablissement ou la rechute?	76
Chapitre IV: De l'euro bouclier à l'euro en détresse	95
Chapitre V: À la croisée des chemins. Survivre à la crise	123
Chapitre VI: Aux sources de l'échec, l'organisation néo-libérale	158
Conclusion: La dépression qui vient	217

APPENDICES

Sources	241
Notes	242

DU MÊME AUTEUR

Aux Éditions Gallimard

LE CAPITALISME MALADE DE SA FINANCE, 1998.
L'AVENIR DU CAPITALISME, 2005.
LA TRAHISON DES ÉCONOMISTES, 2008.

DANS LA COLLECTION FOLIO/ACTUEL

89 Ahmed Marzouki : *Tazmamart (Cellule 10)*.
90 Gilles Kepel : *Jihad (Expansion et déclin de l'islamisme)*.
91 Jean-Philippe Rivière : *Illettrisme, la France cachée*.
92 Ignacio Ramonet : *La tyrannie de la communication*.
93 Maryvonne Roche : *L'année 2001 dans* Le Monde *(Les principaux événements en France et à l'étranger)*.
94 Olivier Marchand : *Plein emploi, l'improbable retour*.
95 Philippe Bernard : *Immigration : le défi mondial*.
96 Alain Duret : *Conquête spatiale : du rêve au marché*.
97 Albert Memmi : *Portrait du colonisé* précédé de *Portrait du colonisateur*.
98 Hugues Tertrais : *Asie du Sud-Est : enjeu régional ou enjeu mondial ?*
99 Ignacio Ramonet : *Propagandes silencieuses (Masses, télévision, cinéma)*.
100 Olivier Godard, Claude Henry, Patrick Lagadec, Erwann Michel-Kerjan : *Traité des nouveaux risques*.
101 Bernard Dupaigne et Gilles Rossignol : *Le carrefour afghan*.
102 Maryvonne Roche : *L'année 2002 dans* Le Monde *(Les principaux événements en France et à l'étranger)*.
103 Mare-Agnès Barrère-Maurisson : *Travail, famille : le nouveau contrat*.
104 Henri Pena-Ruiz : *Qu'est-ce que la laïcité ?*
105 Greil Marcus : *Mystery Train (Images de l'Amérique à travers le rock'n'roll)*.
106 Emmanuelle Cholet-Przednowed : *Cannabis : le dossier*.
107 Emmanuel Todd : *Après l'empire (Essai sur la décomposition du système américain)*.

108 Maryvonne Roche et Jean-Claude Grimal : *L'année 2003 dans* Le Monde *(Les principaux événements en France et à l'étranger)*.
109 Francis Fukuyama : *La fin de l'homme. (Les conséquences de la révolution biotechnique)*.
110 Edwy Plenel : *La découverte du monde.*
111 Jean-Marie Chevalier : *Les grandes batailles de l'énergie (Petit traité d'une économie violente).*
112 Sylvie Crossman et Jean-Pierre Barou : *Enquête sur les savoirs indigènes.*
113 Jean-Michel Djian : *Politique culturelle : la fin d'un mythe.*
114 Collectif : *L'année 2004 dans* Le Monde *(Les principaux événements en France et à l'étranger).*
115 Jean-Marie Pernot : *Syndicats : lendemains de crise ?*
116 Collectif : *L'année 2005 dans* Le Monde *(Les principaux événements en France et à l'étranger).*
117 Rémy Rieffel : *Que sont les médias ? (Pratiques, identités, influences).*
119 Jean Danet : *Justice pénale, le tournant.*
120 Mona Chollet : *La tyrannie de la réalité.*
121 Arnaud Parienty : *Protection sociale : le défi.*
122 Jean-Marie Brohm et Marc Perelman : *Le football, une peste émotionnelle (La barbarie des stades).*
123 Sous la direction de Jean-Louis Laville et Antonio David Cattani : *Dictionnaire de l'autre économie.*
124 Jacques-Pierre Gougeon : *Allemagne : une puissance en mutation.*
125 Dominique Schnapper : *Qu'est-ce que l'intégration ?*
126 Gilles Kepel : *Fitna (Guerre au cœur de l'islam).*
127 Collectif : *L'année 2006 dans* Le Monde *(Les principaux événements en France et à l'étranger).*
128 Olivier Bomsel : *Gratuit ! (Du déploiement de l'économie numérique).*
129 Céline Braconnier et Jean-Yves Dormagen : *La démocratie de l'abstention (Aux origines de la démobilisation électorale en milieu populaire).*
130 Olivier Languepin : *Cuba (La faillite d'une utopie)*, nouvelle édition mise à jour et augmentée.

131 Albert Memmi : *Portrait du décolonisé arabo-musulman et de quelques autres.*
132 Steven D. Levitt et Stephen J. Dubner : *Freakonomics.*
133 Jean-Pierre Le Goff : *La France morcelée.*
134 Collectif : *L'année 2007 dans* Le Monde *(Les principaux événements en France et à l'étranger).*
135 Gérard Chaliand : *Les guerres irrégulières (XXe-XXIe siècle. Guérillas et terrorismes).*
136 *La déclaration universelle des droits de l'homme* (Textes rassemblés par Mario Bettati, Olivier Duhamel et Laurent Greilsamer pour *Le Monde*).
137 Roger Persichino : *Les élections présidentielles aux États-Unis.*
138 Collectif : *L'année 2008 dans* Le Monde *(Les principaux événements en France et à l'étranger).*
139 René Backmann : *Un mur en Palestine.*
140 Pap Ndiaye : *La condition noire (Essai sur une minorité française).*
141 Dominique Schnapper : *La démocratie providentielle (Essai sur l'égalité contemporaine).*
142 Sébastien Clerc et Yves Michaud : *Face à la classe (Sur quelques manières d'enseigner).*
143 Jean de Maillard : *L'arnaque (La finance au-dessus des lois et des règles).*
144 Emmanuel Todd : *Après la démocratie.*
145 Albert Memmi : *L'homme dominé (Le Noir — Le Colonisé — Le Juif — Le prolétaire — La femme — Le domestique).*
146 Bernard Poulet : *La fin des journaux et l'avenir de l'information.*
147 André Lebeau : *L'enfermement planétaire.*
148 Steven D. Levitt et Stephen J. Dubner : *SuperFreakonomics.*
149 Vincent Edin et Saïd Hammouche : *Chronique de la discrimination ordinaire.*
150 Jean-Marie Chevalier, Michel Derdevet et Patrice Geoffron : *L'avenir énergétique : cartes sur table.*
151 Bob Woodward : *Les guerres d'Obama.*
152 Harald Welzer : *Les guerres du climat (Pourquoi on tue au XXIe siècle).*

*Composition Nord Compo
Impression Maury-Imprimeur
45330 Malesherbes
le 5 octobre 2012.
Dépôt légal : octobre 2012.
Numéro d'imprimeur : 177131.*

ISBN 978-2-07-044963-7. / Imprimé en France.

248816